极限驾驶
Driving on the edge

赛车的艺术与科学
The Art and Science of Race Driving
(Revised and Updated Second Edition)

(原书第2版)

[德]迈克尔·克鲁姆(Michael Krumm) 著
谢晖 梁誉 译

机械工业出版社
CHINA MACHINE PRESS

本书介绍了很多关于赛车的知识和基础驾驶技术，并把赛车的驾驶技术提升至艺术与科学的范畴，讲述了高手的极限驾驶技巧。即使是专业车手，也能从中学到新的知识。

在很多体育运动中，即使是顶级选手也需要教练的帮助。但赛车却不是这样，车手在完成了基础的技能学习后，更多是需要车手自主学习、提高，并且要努力练习。本书可以为车手学习更高阶的驾驶课程提供帮助，最终提高自己的驾驶水平，不断探索如何能把自己的赛车开得更快，从而进阶为更高等级的车手。本书也可以作为普通的驾驶爱好者学习高级驾驶技术的秘籍。

Driving On The Edge: The Art and Science of Race Driving (Revised and Updated Second Edition)/By Michael Krumm/ISBN:9781910584071

Copyright©Icon Publishing Limited 2015

This edition arranged with Icon Publishing Limited through Big Apple Agency, Inc., Labuan, Malaysia.

Simplified Chinese edition Copyright © 2021 China Machine Press

All rights reserved.

北京市版权局著作权合同登记　图字：01-2020-4867号。

图书在版编目（CIP）数据

极限驾驶：赛车的艺术与科学：原书第2版 /（德）迈克尔·克鲁姆（Michael Krumm）著；谢晖，梁誉译 . — 北京：机械工业出版社，2021.7（2024.12重印）

书名原文：Driving On The Edge: The Art and Science of Race Driving-Revised and Updated Second Edition

ISBN 978-7-111-68395-7

Ⅰ . ①极… Ⅱ . ①迈… ②谢… ③梁… Ⅲ . ①赛车 – 驾驶术 Ⅳ . ① U471.1

中国版本图书馆 CIP 数据核字（2021）第 106911 号

机械工业出版社（北京市百万庄大街22号　邮政编码100037）

策划编辑：徐　霆　　　责任编辑：徐　霆
责任校对：张　力　　　封面设计：马精明
责任印制：李　昂

北京捷迅佳彩印刷有限公司印刷

2024年12月第1版第5次印刷

184mm×260mm · 7.5印张 · 181千字

标准书号：ISBN 978-7-111-68395-7

定价：89.00元

电话服务	网络服务
客服电话：010-88361066	机　工　官　网：www.cmpbook.com
010-88379833	机　工　官　博：weibo.com/cmp1952
010-68326294	金　书　网：www.golden-book.com
封底无防伪标均为盗版	机工教育服务网：www.cmpedu.com

序言
Foreword

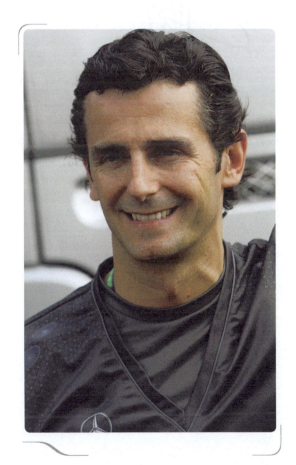

1995年,我在富士赛道附近的御殿场第一次遇见了迈克尔。那时我才23岁,我和迈克尔通了电话,在电话里我询问(或说是请求)了迈克尔能不能尽快和他见个面。当时迈克尔已经是日本F3冠军了,我了解了他很多方面的情况。在他眼里我只是个去日本寻求发展的年轻人。而迈克尔在我眼里,远不止这么简单。在之后的几年里,我和迈克尔不仅成为了最好的朋友、邻居、队友。而且我们可以24小时不停地聊着我们共同的爱好:赛车、驾驶技巧和怎么调校车。和迈克尔做队友的那段时光是我职业生涯中感觉最好的几年。我们心无旁骛,每天24小时都在和车打交道。从那时候开始,我们接触到了赛车数据分析系统。通过数据分析系统,我从迈克尔身上学到了很多技巧。我还把迈克尔最佳圈速的数据读出来和自己的数据对比分析过。通过那些分析,我的圈速越来越接近迈克尔了,我也知道自己需要在哪里努力提高了。

对于自己的表现,迈克尔从没有百分之百开心过。在赢得了比赛之后,他还是会花好几个小时研究自己的数据,寻找可以再提高的地方。即使是以巨大优势取胜的比赛,他也会努力研究有哪些小失误是可以避免的。这是他性格的一部分,也正是因为这样,他才比其他车手做得更出色。

迈克尔是我的朋友,也是我发自内心敬佩的车手,所以当他邀请我写这本书的序言的时候,我倍感荣幸。感谢迈克尔对我的信任。

认识迈克尔很久了,我相信他一定为这本书倾注了大量的心血,我也相信这本书的内容一定会非常令人惊喜。

作为车手,我认为我和迈克尔还有很大的区别。我在房车和GT赛车上的竞争力还不是很好，但迈克尔在房车和GT赛车上的表现和他在单座赛车上的表现一样出色。我认为他很棒的原因是因为他的毅力。他总是在思考着如何提高自己的驾驶水平和自己的赛车性能。在我想着应该在哪里延迟制动多带些速度进弯时，迈克尔想的往往是该如何调整车子的弹簧系数、防倾杆和悬架参数。对于赛车的设计和调校，他每次都走在我的前面。近些年的车手中，像迈克尔这样精通调校的人并不多。精于调校也是迈克尔的弱点，每次在车队的简报时间里，他都会显得很强势。如果他的意见和别人一致，他就是权威；如果他和别人的意见不同，他会受到别人的批评。

不开玩笑了，迈克尔在F1比赛中有实力对抗任何车手，技巧和知识方面都没问题。

我真心希望在自己开始赛车生涯之前就能看到迈克尔的这本书。车手是靠累积经验成长起来的，但在累积经验的过程中会失去很多机会。所以我认为所有车手都应该认真看看这本书，从开始学习赛车执照时就看。

最后，能为这本书作序我感到很荣幸。不仅是因为我很敬重迈克尔，也是因为他在书中为我们解答了许多问题。

↗ 佩德罗·德·拉·罗萨

译者注：佩德罗·德·拉·罗萨（Pedro de la Rosa），西班牙车手。在1999—2012年期间多次参加F1比赛，曾效力于Arrows、Jaguar、McLaren、Sauber、Hispania车队。

引言
Introduction

在 F1 赛场上我的竞争力不大，所以很多读者并不知道我是谁。1984 年，在我 14 岁的时候，父亲给我买了一辆卡丁车，带我了解了赛车。

对卡丁车着迷了一段时间后，我从德国的福特方程式 1600 锦标赛开始了我的赛车生涯。舒马赫是我的偶像。我一直记得他在霍根海姆试车的样子。我参加了 1989 年德国的福特方程式比赛。在赢得了本地的欧宝 - 莲花（Opel-Lotus）锦标赛后，我又参加了德国 F3 系列赛。在德国取得了一些成绩后，丰田邀请我去日本参加 F3 和 GT 比赛。

说起赛车，很多人想到的是 F1。F1 更像是制造商和赞助商的游戏。很多房车、GT 等组别的车手也有能力驾驶 F1，但 F1 只有 24 个车手席位。

耐力赛中的竞争也极为激烈。队友和你驾驶着同样的赛车，使用同样的发动机、同样的轮胎。在耐力赛中你们可以看到对方的驾驶数据，也算是个提高驾驶技术的好机会。每个车队都不缺车手，成绩不好就会失去继续做车手的机会。车队清楚地知道你们谁更快，在

↗ 1987—和我的父亲以及卡丁车队在一起

这种精神压力下如果此时你能战胜队友，那就能说明你的潜力更大。在这种环境下，你会变得很博学，你会努力去获取身边的一切信息。

现在每个车队都使用了数据分析系统。你无法再隐藏自己的弱点了，成绩不好就待不下去。

在我刚到日本参加房车赛的日子里，车队给了我最后一次展示我的能力并续约下个赛季的机会。条件是这样的：我必须比队友更快才行。这还是车队认为我比队友更年轻才给了我这个机会。如果完不成这个目标，我的职业车手生涯还没开始就要结束了，所以当时我的压力很大。

一个寒冷的冬天，我和队友拿到了同样的前驱测试车，来到了富士赛道。到场的只有我和我的队友。我意识到了这是我向他对比学习的好机会。测试结束后，我认为我已经把自己的很多弱点都改进了。

我的队友先发车，四五个计时圈后他的成绩是 1′36″6。到我发车时，我拼尽全力去接近这个圈速。自我感觉完美，可圈速是 1′36″9，看来我错了。于是我的驾驶风格更激进了，结果由于轮胎过热，我的成绩一圈比一圈差。

在返回维修区前还有 3 圈。在富士赛道的长直道上我有了个想法：以比极限略低的状态驾驶。我做得很简单，就是避免滑动，避免转向过度或转向不足。因为感觉不出快来，所以我也不知道圈速是多少。

经过发车区时我看到我的圈速是 1′36″4，心想是不是计时系统坏了。后边一圈我也保持了这样的驾驶风格，圈速是 1′36″2。当时我很高兴，我发现了前驱赛车的正确驾驶方式，既提高了成绩也保住了自己的职业生涯。经过了这件事，我意识到作为车手要保持开放的心态，要去尝试新的领域。

很多人问我"做车手需要天赋吗"，我说"有天赋是好事，但天赋不是必需的"。在此我坦言：如果你想成为塞纳和舒马赫那样的世界级车手的话，天赋也是必备条件。大家都是人，只要你足够努力且乐于尝试、乐于提高自己，你就能在车手的道路上走很远。我在铃鹿赛道见过舒马赫。他在取得了杆位并刷新了赛道纪录后还在思考如何能更好地通过最后几个弯角。这就是冠军应有的态度。

在我刚开始接触卡丁车的时候，我的表现并不好。父亲也失望地认为我没有驾驶天赋。但我内心强大，很快就比那些"有天赋"的孩子更快了。所以说，只有天赋是不够的。天赋要和毅力结合在一起才能变成真正的天赋。

在这本书里我写了关于赛车的很多方面，所以每个人都能从中学到一些新知识。书中既有适合新手的基础驾驶技术，也有适合高手的赛车调校，即使你是专业车手，也能从中发现新的知识。读者们可以在我引用的数据分析曲线中对比两种方法的细微区别。如果你不理解这些数据的话也没有问题，这些数据只是为我的观点做了补充说明。但如果你想成为一名优

引言
Introduction

秀车手的话，我建议还是要用数据分析系统来评价自己的驾驶技术。

在很多体育运动中，即使是顶级选手也需要教练的帮助，但赛车却不是这样。哪个车手有自己的教练？我没听说过。努力是我的信条。

每个车手都是从赛车学校拿到了赛车执照，有人还学习了更高阶的课程。我认为对于赛车来说，教练的局限性在于，每个教练都有自己的想法，每个教练的水平差异也很大。找不同的教练学车，你最终的水平也会有很大不同。像塞纳和舒马赫这样的车手是不需要教练的，因为他们一直在探索如何能把自己的赛车开得更快。

我希望这本书能帮你提高驾驶水平，也能帮你认识到如何才能成为更高阶的车手。不管你有没有教练，都把这本书当作补充吧。

↗ 迈克尔·克鲁姆

↗ 极限驾驶，追求完美

本书献给带我步入赛车世界的父亲。

我要感谢我的工程师兼设计师理查德·迪维拉（Richard Divila）。他为本书的车辆调校等章节做了很多贡献。这些年来，他教会了我很多关于赛车的知识。理查德对赛车有着很大的热情，和他一起工作是一种非常愉快的体验。

我还要感谢我的挚友，佩德罗·德·拉·罗萨（Pedro de la Rosa）。在我的赛车生涯的早期，他的竞争精神鼓舞着我，他广泛的专业知识也影响着我。

我很感激我的摄影师小宫岩夫（Iwao Komiya）。他记录下了很多精彩的瞬间，也花了很多时间整理照片。

书中部分图片是 CALLAS Motosport 提供的。他们的 3D 模拟软件非常棒，非常感谢！

最后还要感谢 PJS 提供的实时 GPS 数据系统。如果你想提高成绩的话，这套系统非常值得拥有。

> 不可能每次都是最好的，但可以一直提高自己。

——杰基·斯图尔特爵士
（Sir Jackie Stewart OBE）

> 感觉自己已达极限的时候，你会发现根本没有所谓的极限。

——迈克尔·克鲁姆
（Michael Krumm）

目录 Contents

序言
引言

01 赛车的基础原理和载荷转移

- 3   1.1 俯仰及侧倾
- 6   1.2 车辆平衡
- 8   1.3 车辆控制

02 基础驾驶技术

- 12 2.1 基础驾驶技术及走线
- 13 2.2 根据赛道制定策略

03 争取做到更好

- 18 3.1 视觉注意力
- 19 3.2 制动技术
- 28 3.3 换档技术
- 31 3.4 过弯技术
- 43 3.5 复合弯策略
- 48 3.6 心理训练
- 50 3.7 体力消耗

04 参赛策略

- 54 4.1 比赛要点
- 63 4.2 紧急情况及事故
- 65 4.3 雨中驾驶
- 69 4.4 轮胎管理
- 73 4.5 燃料管理

05 车辆调校

- 76 5.1 与工程师交流
- 78 5.2 调校前的准备
- 81 5.3 亲自调校
- 82 5.4 把握细节
- 86 5.5 调校建议
- 87 5.6 环境因素
- 89 5.7 减振器阻尼
- 91 5.8 数据分析

06 其他要点

- 96   6.1 前驱车型
- 98   6.2 四驱车型
- 98   6.3 常见问题
- 100 6.4 驾驶姿势
- 102 6.5 身体练习
- 103 6.6 车手选拔

- 106 后记
- 108 作者赛车经历

第1章　赛车的基础原理和载荷转移

1.1 俯仰及侧倾

1.2 车辆平衡

1.3 车辆控制

极限驾驶
Driving on the edge

在刚开始赛车生涯时,我想的只是竭尽全力地控车并将赛车留在赛道里不冲出赛道,并没有去思考在我操作赛车的时候到底都发生了些什么事情。每个车手都知道,在他/她重踩制动时车尾会变"轻",此时赛车容易进入"钟摆"状态。在了解了赛车的动态过程后,你不仅能提高成绩还能感受到更多的驾驶乐趣。所以永远都要知道自己的赛车将会出现什么情况。

在你进行制动、转向或加速操作时,赛车会进入一种叫作"**载荷转移**"的状态。

译者注:原文 Weight Transfer 多被直译为"重量转移"或"重心转移"。本着严谨的态度,在这本书中我们将其译为"载荷转移"。

车辆的重心如下图所示。重心是整个赛车质量的集中等效点。

! ← 车辆的重心是整个赛车质量的集中等效点

↗ 方程式赛车的重心在中后部

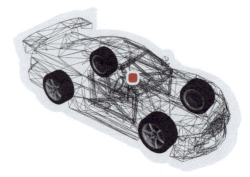

↗ 前置发动机房车的重心在中前部

↗ 离地高度约30cm

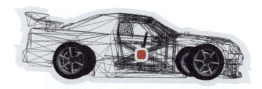

↗ 离地高度约35~50cm

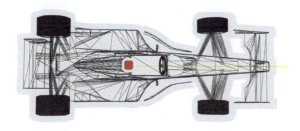

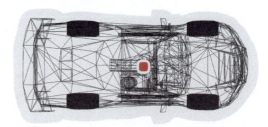

第1章 赛车的基础原理和载荷转移
Basic knowledge and weight transfer

俯仰及侧倾

重踩制动时，相当多的**载荷**会从后轮转移到前轮，此时车头下沉、车尾抬升的过程就是俯仰。同样的，在加速时部分载荷又会从前轮转移到后轮，此时表现为车头抬升、车尾下沉。在极限状态时，加速所造成的载荷转移量比制动所产生的载荷转移量小很多。

译者注： 这里的载荷是轮胎对地面的垂直作用力。该作用力的方向垂直于轮胎与地面的接地面，由轮胎指向地面。

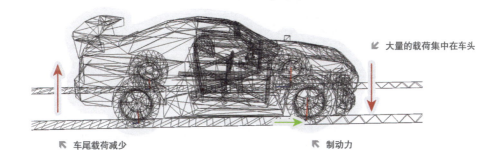

↙ 大量的载荷集中在车头

↙ 车尾载荷减少　　　↙ 制动力

↗ 制动产生的俯仰

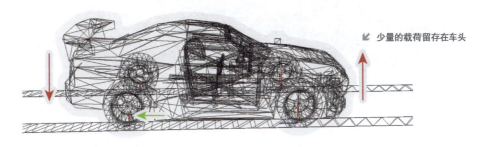

↙ 少量的载荷留存在车头

↗ 加速产生的俯仰

每次转动方向盘时，赛车都会向一侧侧倾。出现侧倾的原理和俯仰一样，只是作用力的方向不同。转动方向盘的速度越快，赛车在建立转弯姿态的初始阶段中的侧倾就越严重。在实际驾驶的时候，如果赛车出现了侧倾，那么车辆也会减速，二者同时存在，因此，有侧倾时也就同时会有俯仰。

极限驾驶
Driving on the edge

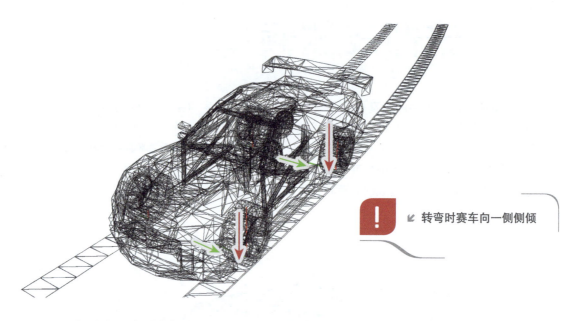

转弯时赛车向一侧侧倾

↗ 外侧轮胎所负担的载荷很大

↗ 注意看载荷是如何向外侧轮胎转移的

当你大力制动进左弯时，大量的载荷会转移至右前轮，也有少量的载荷会转移到右后轮，此时左后轮所承受的载荷最小。所以在大力制动进弯时，一不小心赛车就可能会进入**钟摆状态**，此时较大的制动力也很容易导致内侧前轮抱死。

译者注：载荷转移会因为方向盘修正得不及时而越来越大，迟滞也越来越严重。最终导致后轮胎在连续的载荷转移过程中突破了附着力极限。及时修正方向盘是避免载荷转移过大的正确方法。如果没能及时修正，赛车将处于极端危险的境地。

加速出弯时外侧后轮所承受的载荷最大，内侧前轮所承受的载荷最小。

第1章　赛车的基础原理和载荷转移
Basic knowledge and weight transfer

↗ 可以看出在过左弯时，赛车的俯仰和侧倾导致右前轮胎载荷最大，此时很容易出现钟摆

赛车的悬架、减振器和防倾杆等部件都是为了让赛车尽量保持水平姿态而设计的，俯仰和侧倾的最大幅度一般只有几毫米。而民用车俯仰和侧倾的幅度一般可达几厘米。

载荷转移是以重心为核心的，重心离地越高载荷转移就越严重，所以车手们才会尽可能地降低车高。在重心高度较低的单座赛车上，载荷转移的程度很小。

通常来说，**轮胎所承受的载荷越大，其最大附着力就越大**。但当你看到承受着全部载荷的轮胎接地面积并没有多大时，你就容易理解为什么要尽量把载荷分散在四个轮胎上来防止某一个轮胎过载了。载荷在四个轮胎上分布越均匀，四个轮胎整体的最大附着力就越大。

译者注： 轮胎最大附着力和垂直载荷的关系为对数型曲线。最大附着力随垂直载荷的增加而增加的趋势是逐渐减弱的。

俯仰和侧倾是我们了解赛车动态的最基础的知识，在后边的章节里还会有更加详细的讲解。了解了俯仰和侧倾后，你的驾驶水平会有很大提高，你的赛车调校水平也会有所长进。

↗ 在重心高度较低的单座赛车上，载荷转移的程度很小

极限驾驶
Driving on the edge

车辆平衡

我们在与车手聊天时经常能听到"转向不足""转向过度"和"平衡"这三个词。转向不足常被称为推头,转向过度常被称为甩尾。

比赛过程中出现钟摆、撞车或成绩落后时车手经常会说"由于车子突然出现了转向过度,我来不及救车了"。

如果你想成为真正的车手或提高自己驾驶能力的话,那你必须要熟悉这三个概念。这样你才能知道为什么你会转向过度、为什么你的圈速一直都很慢。还有一点就是,了解了这三个概念你才能和队友、工程师和朋友们正确、高效地沟通。

想象一下自己正在正确的或你计划好的走线上通过一个弯角。如果进弯速度太快了,你就无法让赛车保持在当前计划好的走线上了,此时可能会出现两种情况:转向不足或转向过度。

↗ 赛车总是尽量追求美妙的平衡

1 转向不足

如果你增加方向盘角度时,赛车的转向并没有相应的增加,而是几乎保持之前的方向行驶,那是因为**前轮胎已经失去附着力了**,出现了转向不足。

译者注:前轮胎所需的附着力超过了当前所能提供的最大附着力后,会出现较大的打滑率和(或)滑移角。此时前轮胎所能提供的最大附着力会比超过极限之前降低很多。这就进一步加大了轮胎过载的严重程度。

2 转向过度

如果你感觉车尾比车头转得更快,几乎要超过车头了,那就是转向过度了。后轮胎失去了附着力,不能让赛车继续保持在之前的走线上了。转向过度达到一定程度后就很容易出现钟摆或其他严重情况,所以通常来说转向过度比转向不足更尴尬,也更危险。

第1章　赛车的基础原理和载荷转移
Basic knowledge and weight transfer

转向不足时，方向盘角度总是大于正常过弯所需的角度

↑ 赛车无法保持在之前的轨迹上，倾向于保持直线行驶

↑ 车尾向外侧滑移，即将出现转向过度

完美的平衡

没有过于严重的转向不足或转向过度时，赛车就是平衡的，就是易于控制的。大家都在寻找最完美的平衡，但完美是不存在的。本书会告诉你如何控制一辆不是很完美的赛车，也会告诉你如何把赛车调校得接近完美。

一辆车会表现出转向不足还是转向过度的特性，主要取决于轮胎、车辆调校和车手在加速踏板、制动踏板、变速杆和方向盘上的操作。

在实际的赛道驾驶中，转向不足和转向过度两种情况往往会出现在同一辆赛车上。如果这辆赛车的平衡性很好的话，就算以较为激进的风格驾驶，赛车也是易于控制的。

应对转向不足

出现转向不足时，车手需要及时让赛车减速并让赛车回到极限以内，才能让赛车以较为合理的方式过弯。在不再增加方向盘角度的情况下**增加制动**，直到车速减到可以保持在你想要的走线上为止。

译者注：增加制动踏板的深度、增加踩下制动踏板的时长、减少加速踏板的深度等方式都可以让赛车减速，也都可以应对转向不足问题。

应对转向过度

已经出现转向过度后，我们很难通过减速来控车或救车。此时车手只能通过快速反转方向盘的方式来控车或救车。假设在过左弯时后轮已经开始向外侧滑动了，此时你就需要**向右转方向盘**，同时还需要通过缓慢松加速踏板的方式来减速，否则赛车会进入钟摆。

译者注：松加速踏板减速时的载荷前移会进一步减少后轮胎的最大可用附着力，造成转向过度的加剧。在反转方向盘时如果加速踏板松得过快、过多，赛车会出现突然掉头等更为恶劣的情况。

极限驾驶
Driving on the edge

> ❗ 图中的这种救车方法真的很有效。日本方程式冠军Benoît Treluyer在2006年的铃鹿站中，就是这样重新"抓住"赛车的。对他来说，这次救车是决定性的一刻

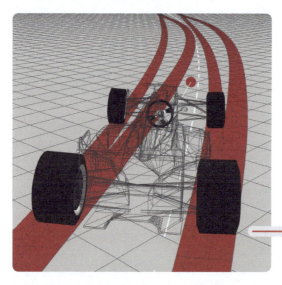

后轮向右滑移时，需要向右转动方向盘来避免进入钟摆。这种操作常被称为"反锁"

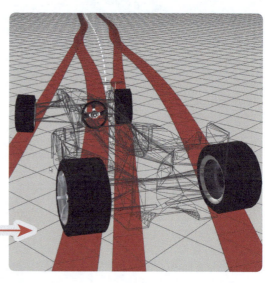

通过"反锁"救钟摆时，前轮应该指向正常的行驶方向

1.3 车辆控制

通过减速和反转方向盘救转向过度是很复杂的一种操作。如果你想成为方程式赛车手的话，就必须掌握这个技能并达到精湛的水平。你需要在车尾刚开始有滑动趋势时就快速跟上赛车的节奏。2008年F1禁止使用牵引力控制功能时，不是所有的车手都能很好地适应赛车，于是就出现了各种问题。

想要完美的控车，首先要善于"抓住"赛车，也就是在车尾刚要或刚刚开始滑动的第一时间就感知到滑动并控制住赛车。及时反转方向盘，让赛车的状态不再继续往转向过度的方向发展了。座椅会给你传递车尾的状态，方向盘会给你反馈车头的状态。感受到即将出现转向过度时，你就需要通过小幅度的修正操作来控车了。

车速越低、车重越大，留给你感受和操作的时间就越长。为什么房车和GT赛车更容易出现转向过度呢？有以下两个原因。

第一是新手的普遍错误：缺少经验。在刚开始滑动时，新手感受不到车尾的不安定。有些人需要等到滑移了很大角度后才能感受到滑动，而有些人对此会很敏感。如果你平衡感很好，就

» 8

第1章　赛车的基础原理和载荷转移
Basic knowledge and weight transfer

能很好地感受到赛车的动态，也会更容易控制住赛车。车手对于赛车平衡的敏感性是一种本能，通过训练提高了之后就不会再退化了。

第二是车手对座椅的反馈没有及时做出反应。如果你忙于观察其他赛车或正在思考如何超车，你的注意力就会从对平衡的感受上分散出来一部分。这个问题很常见也难以克服。经常可以看到前车出现钟摆时，后车为了躲避也出现了钟摆，就是因为后车车手的注意力全部集中在了前车上，忽视了自己的车尾。

如果你害怕突然出现的转向过度，不敢拼尽全力过弯，不敢在最后一刻再开始踩制动的话，你的成绩不会太好。所以如果你想成为一名优秀车手的话，这种对赛车动态的敏感性和控车能力是非常有必要进行专门训练的。

起跑前有些车手有时会故意左右摆动赛车。除了让轮胎尽早达到正常温度外，这也是车手适应赛车的方式。在改变行驶方向的过程中，车手通过给自己输入"印象"来感受赛车的特性并建立自信。有些车手甚至说他们要在正式起跑前故意让赛车出现转向过度。

练习控车能力的方式有很多。最好是用你的参赛车辆在湿地练习。湿地让赛车在低速时就能出现转向过度和钟摆，而在低速时赛车会更容易控制一些，也更安全一些。这时可以比正常情况更早一点开始加油，通过加油来主动进入转向过度状态。这样进入转向过度的好处是在出现转向过度前，你是有准备的。

练习控车也有很多方式，最极端的是在雪地练习。你可以强烈地感受到车辆动态，控车的操作也会成为你的习惯性动作。卡丁车也是一种练习方法。很多车手会使用附着力比较差的轮胎练习如何减少滑动。

给新手一个建议：在学会控车前不要进赛道练车。去赛车学校在安全的环境下学习，也可以减少很多事故和不必要的费用支出。

给老车手一个建议：平时通过练习卡丁车来保持自己的平衡感和敏锐的反应。

控车是车手最基本的技能。你需要完全掌握它才能让赛车保持在你想要的走线上，也才能找到一些备选走线。

F1车手的技能是在各种天气条件下都能做出惊人的控车或救车操作。将控车练成本能后，在驾驶各种类型的赛车时，你都能保持住这种能力。

! 即使你控车能力很好，也不要主动将赛车开到这种极限状态。这种接近钟摆的状态会让圈速更慢，也会让轮胎磨损得更严重

第2章　基础驾驶技术

2.1 基础驾驶技术及走线

2.2 根据赛道制定策略

极限驾驶
Driving on the edge

基础驾驶技术及走线

在学习高阶驾驶技术之前，很有必要先学习传统的驾驶技术，也就是赛车学校和大众媒体上所说的那些技术。下文我会说明这些传统技术和高阶的驾驶技术有什么区别。

并不是说传统的技术是错误的，只是有些知识需要做出调整了。车辆制造得更加严谨，悬架和减振器更加高效，空气动力方面的设计也更加完善，所有这些都导致如今的赛车过弯速度比以前更快了。

在参加日本超级 GT 赛的 12 年里，我目睹了轮胎的巨大进步。圈速提高了 10s，其中 60% 要归功于轮胎，其余的是空气动力方面的进步。

另外，现在很多赛车都安装了数据分析系统，车手们再也没有秘密了。如果你比队友慢了，你可以查看他的数据并模仿他的操作。如果你找到了一种新技术，电脑也会让别人看到你的操作，所以有些 F1 车手就不希望队友查看他的驾驶数据。

基于以上这些变化，我们以往对驾驶操作和走线的认知可能就需要调整了。

以下介绍的是传统驾驶技术。

1 制动

首先要在直线上全力制动。在制动的同时你需要降至合适的档位。其中非常重要的一点是，降档完成并且松开离合器踏板的同时，制动也刚好完成。

2 进弯

此时档位合适，右脚还在制动踏板上。但此时你不希望载荷偏向车头，不希望进入钟摆，所以要把右脚从制动踏板上移开。进弯时应该保持制动踏板和加速踏板都松开的状态。

3 切向弯心

从什么踏板都不踩时开始，把自己的全部注意力都集中在转向上，目标是到达**弯心**。如果你没有保持在走线上，没有切到弯心，通常是因为制动点太晚或减速效果不够好。

译者注：弯心常被称作"APEX"，是赛车和内侧路肩相切的点或短段。在非漂移状态下，弯心之前为赛车减速（或匀速）的过程，弯心之后为赛车加速出弯的过程。

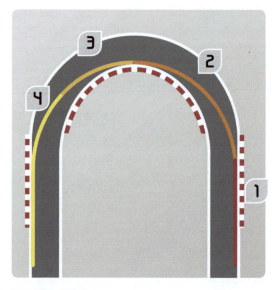

↗ 先制动，再进弯

4 加速出弯

通过弯心之后要继续保持在你计划的走线上，不能偏离走线。出弯时的加速要柔和。过大的加速度会导致载荷转移过大，进而导致赛车的平衡性恶化。在出口处要用尽路面宽度。如果**路肩的形状和状况**允许的话，尽

第2章　基础驾驶技术
Traditional driving techniques

量多压一些路肩。这样可以让出弯时的半径尽量大。

译者注：原文所说的形状是指路肩的平整度。有些路肩是凹凸交替的，有些路肩是外侧凸起的，有些路肩是中间凸起的。原文所说的状况主要是指路肩的附着力状况。有些路肩的油漆非常滑，如果压上会较为严重地影响轮胎附着力。如果路肩有较多的沙土或杂草的话，此处的附着力也会很差。

前面图示为左弯的传统外-内-外过弯方式：从最右侧开始制动，然后切入弯心，再用尽右侧路面宽度加速出弯。这样就在过弯中利用了最大的半径，也就是做出了最大过弯速度。

在低速回头弯（发卡弯）中，也可以有另一种过弯方法：进弯时做一个急转，为了尽早开始加速出弯，车手需要牺牲掉进弯阶段的用时，把赛车摆在比较合适的出弯角度上。这样做的目的是，如果出弯后是长直线区段，在直线上就能节省时间。

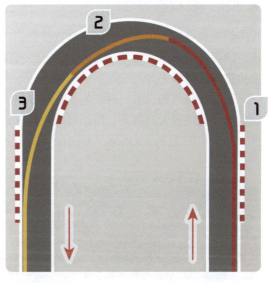

▲ 过低速发卡弯

根据赛道制定策略

第一步：学习地图

比赛前需要通过卫星地图和赛道标准图来研究赛道。研究赛道布局以及每个弯角的半径、高低差，在大脑里想象一下驾驶时的情景。

第二步：查看其他车手的视频

走线是你在比赛前最需要获得的信息。在通过地图熟悉了赛道之后，就要找来高手的车载录像进一步熟悉赛道及走线。然后找到和你相同或类似车型的录像。注意看他们的制动点。

在车载录像中我们无法准确地判断出弯角的半径和具体的形状，这就需要看标准图了。

▲ 走线是你开始练车前最需要掌握的信息

完成以上的学习之后，就可以考虑其他关键点了。多请教，多记笔记，找到熟悉这个赛道的车手，向他们请教这个赛道的特点和难点。

极限驾驶
Driving on the edge

否则，你可能就需要经过大量的练习和尝试才能发现这个赛道上的一些至关重要的细节。

第三步：模拟器练习

没有机会接触模拟器的话可以直接看第四步。学习过第一步、第二步之后，你已经可以直接进行第四步了。

得益于技术的发展，现在的赛车模拟器可以为车手提供很大的帮助。模拟器的种类有很多，最简单的是 PlayStation、方向盘、踏板和座椅。更高级一些的模拟器主要是能让你的感受更接近真实的赛车一些。这些模拟器的人机设计从 GP2 赛车到定制化的都有。静态模拟器和动态模拟器的区别是能否模拟驾驶时的 G 值。

我使用过很多种模拟器。在使用模拟器训练时，我喜欢带着头盔。当赛车出现钟摆或撞击时，我会用头盔撞击座椅靠背来模拟在真实驾驶中此时的感受。

在赛道外场和其他一些活动中，制造商会让观众体验模拟器。

↗ 模拟器的种类有很多

第四步：赛道行走

练习前带着数据表格和车载录像，与工程师以及熟悉这条赛道的车手一起在赛道上徒步走一圈是非常有必要的。赛道上的参照物可能已经改动过了，和录像里的会有所区别，所以行走时要注意检查制动提示牌和其他有价值的参照物。在没有制动提示牌的地方，可以找出明显的参照物做参考。

要仔细研究路肩。考虑好可以压多少路肩，考虑好如果压草地了会发生什么。**有时你会发现出弯时外侧路肩是凹凸不平的，如果长时间压在这些路肩上的话，会损毁你的赛车。**对于比赛来说，所有这些细节信息都非常重要。我曾经测量过路肩的高度，还与工程师讨论过是否可以多压一些路肩。

译者注：红白、蓝黄等彩色路肩上可能有着难以发现的凹凸，有些路肩的油漆也非常滑。赛前确认好每段路肩的具体细节非常重要。

来到一条不熟悉的赛道上，难免会出现失误，所以缓冲区也要仔细研究一番。看好赛道边界和围墙的距离很重要。距离越近意味着失误后的风险越高。有了这些数据，你就可以更好地决策出在哪里要拼尽全力，在哪里要保守驾驶了。

第2章　基础驾驶技术
Traditional driving techniques

↗ 马来西亚雪邦赛道有很多不同的弯角，赛道徒步观察非常必要

↗ 在赛道上驾驶一圈也是个方法，可作为徒步观察的补充

赛前尽可能在赛道里驾驶车辆跑几圈，什么车都可以。这样做的作用主要是让你将之前计划好的走线、控车、参照物等要素集合在一起。可以说这是赛前最真实的"模拟练习"了。如果你在一个弯角里冲出赛道或严重失误了，那就要仔细观察这里的地面情况和缓冲区情况。

前期准备非常重要

赛道开放练习或赛前自由试车的时间是很宝贵的。要做好充分的前期准备才能利用好这段时间，所以车手要争取驾驶即将参赛的赛车练习。在练习的第一圈就可以开始尝试极限并努力去发现一些小细节。在日本超级 GT 锦标赛中，有些车手为了节省轮胎，试车时只试一圈就会返回维修区。对于这些车手来说，前期准备的重要性不言而喻。

前期准备的另一个目的是尽量高效地熟悉赛车当天的调校，尽早发现可能存在的问题，尽早处理完尚未解决的问题。

做好前期准备还有一个很重要的原因就是要把握好最佳时段。比如在巴塞罗那，上午 9 点练习开始后只有很短的一个时间窗口可以让你做出最快圈速，错过了就要等第二天再来了。

03

第3章　争取做到更好

3.1 视觉注意力

3.2 制动技术

3.3 换档技术

3.4 过弯技术

3.5 复合弯策略

3.6 心理训练

3.7 体力消耗

极限驾驶
Driving on the edge

视觉注意力

以前我在铃鹿赛道带着客人做体验圈的时光很美好。车手们觉得体验用的车辆不够快，没意思，于是我们就开始了漂移。那时候我的漂移技术并不好，仅仅是能够在过弯时控制住车子的水平，还有几次冲出了赛道。当时我不知道为什么我越努力反而越容易出问题。后来我才发现这是因为出弯时我总是在看着路肩，担心是否会滑出赛道。

这个问题很好解决：不要看路肩，让眼睛看着前方。把自己的视觉注意力集中在出弯之后你所期望的走线上，车辆就不会冲出赛道了。

这个方法同样适用于其他驾驶中。很多事故和钟摆的发生都是由于车手看错了地方。突然发现自己将要滑向草地时看一下侧面是每个人很正常的生理反应，但看这一眼就会让你滑进草地。要克服自己的这种条件反射的行为。当你偏离走线或压上路肩时，只用余光就应该能看到偏离了多少了。主要的视觉注意力要永远集中在你想要前往的地方。

"看着前方"这句话听起来容易做起来难。主动让注意力分离的感觉并不好受，但想要把赛车开到极限状态的话，你就要有意识地主动控制自己的注意力：只用余光看侧面。

注意力的焦点

评价一名车手驾驶水平如何的一个重要标准就是他对自己注意力的控制如何。举例来说，当我妻子把网球打过来时，我总是追不上球，这是因为我的注意力在球上，看到高速飞来的球越来越近时，已经没有多少时间留给我了；而当我把球打回时，妻子却总能接到，因为她知道球会往哪里飞去。

译者注： 作者的妻子是当年日本著名的网球运动员伊达公子。

新手驾驶时总是看着前方几米远的地方，忙于解决眼前的问题，时间紧迫，容易错过弯心。如果你是个新手，下次跑赛道时最好能把视线放得远一些，把这种主动控制自己注意力的能力练成身体的本能反应。

老手虽然看得远，但也有看错了地方的时候。如果将注意力放在了不合适的地方，老手也会犯错误，也会错过弯心。在高强度且紧张的比赛中，我们的视野会变小，当视野的宽度变窄了，距离也会变近。此时就更需要我们有意识地控制好自己的注意力了。

利用好余光

当你注视在某一个点上的时候，这一点周围的其他视野范围都算是余光。从生理上讲，余光的作用是感知从侧面接近的危险，所以余光对运动的物体很敏感。

在我们注视远处时，制动点、路肩和其他赛车都会出现在我们的余光中，亦或通过反光镜出现在我们的余光中。有时车手会出现类似"管状视野"的情况，忽视余光中的物体。管状视野不利于驾驶，也会对附近的其他赛车造成威胁。事故后常有车手会说"我没看到你"，这种情况就是因为他没利用好余光。

如果想要成为一名优秀的赛车手，你随时都要练习使用余光去感知周围的物体。

还有一个视觉练习可以随时进行。通过让眼睛在远近不同的物体之间快速聚焦，来提高眼睛聚焦的速度。在赛道上查看反光镜、计时牌、制动提示牌和附近赛车时，都需要用到快速聚焦的这种能力。盯住远处的物体三秒钟，然后再切换到近处的物体盯住三秒钟，反复如此，可以让眼睛聚焦的速度更快。这个方法也适合于放松眼睛。

第3章　争取做到更好
Striving for perfection

制动技术

制动对于圈速的影响非常大，但却是最容易被大家低估的一个方面。当你问一些专业的赛车手他最不喜欢什么时，通常他们回答的都是制动。当然也有些车手是喜欢制动的。在职业生涯的初期，我并不喜欢制动的过程，这就促使我系统认真学习了该如何更高效地制动才能少踩制动。学好了制动之后，我可以更晚、更安全地踩制动，也就更喜欢制动的过程了。

总体来说，我们不喜欢制动有两个原因：

首先，制动减速和踩加速踏板加速是对立的。我们制动减速的过程让车更慢，是消耗时间的。从直觉上看，这和我们参加比赛的目的是相反的。

其次，在大力制动的情况下，我们很难感受到车轮是不是抱死了。这时的控车是非常困难的，我们会有一种像是要失控的感觉。故障或事故也都极有可能发生在这种大力制动的情况下。

制动虽然和加速是对立的，但同样是一个可以对提高圈速有很大贡献的因素。让我们想想F1赛车，F1赛车在低档位的加速度可以达到1.6g（这个重力加速度比从飞机上跳下来还要大）。在这样的加速度下，你可以想象，如果出弯时能提前几米就开始加速，会让圈速有很大的提升。我们再看看制动，F1赛车制动时的加速度可以达到5g左右。这比加速时的加速度还要大三倍。所以进弯前晚10m再开始踩制动远比出弯时提前10m就开始踩加速踏板更有益。晚10m再开始踩制动，在进弯前这10m的路程里赛车的平均速度会更快些。有很多方法可以说明这个问题，最直观最简单的就是对比两辆赛车的数据曲线了。

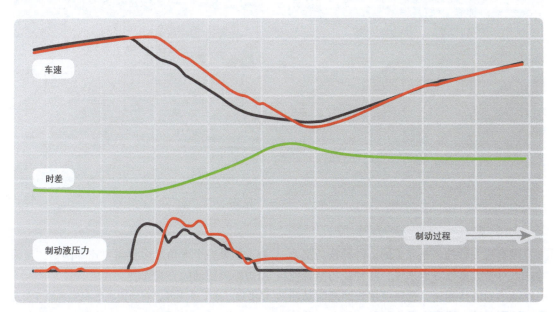

↗ 红线所示车手比黑线所示车手开始制动的时刻晚了0.34s，开始加速的时刻晚了0.12s。绿色时差曲线显示出：红线所示车手在这一阶段整体上比黑线所示车手快了0.22s

极限驾驶
Driving on the edge

找到你的制动点

选择合适的制动点是你踩下制动踏板之前最重要的事。

进弯前如何判断在何时开始踩下制动踏板有以下两种方式：

第一种方式是依赖直觉操作制动踏板。这类车手相信自己精确判断距离的能力，在F1车队中有很多这样的车手。这种类型的车手在直道尾段接近弯角时，会把注意力集中在弯心上。这样他们就可以很自然地感觉出何时该踩下制动踏板了。如果发挥得比较好，他们可以在非常完美的时刻踩下制动踏板。我不是这种类型的车手，但我非常羡慕他们。

第二种类型的车手被我称为经验型车手。他们知道哪里是最晚的制动点，他们会把注意力放在距离牌上。他们会通过连续几圈的试车和不断地尝试来寻找最晚或最合适的制动点。

即使这两种车手的制动点是一样的，你也可以看出他们在制动时的关注点有很大区别，所以只要问一位车手应该在哪里制动就能判断出他是属于哪种类型的车手了。如果他很难非常精确地描述出制动点的位置，那么他应该属于第一种车手。如果他马上回答出"在弯前87m开始踩制动"，那么他应该就是第二种车手了。

译者注：作者在此针对的是需要全力制动的情况，所以制动踏板踩下的深度接近踏板的最大深度，踩下的速度接近车手能踩出的最快速度。故原文在此仅突出什么时候开始踩下制动踏板，不强调如何踩下制动踏板。

↑ 如果赛车直直地向前冲，不进弯，那就是你选的制动点太晚了

没有哪一种技巧是完美的，两种技巧都要学好。对于大多数赛道来说，两种技巧结合使用才能达到最佳圈速。**选择使用长距离制动还是短距离制动，这取决于你驾驶的赛车**。总体来说，如果进入一个弯角之前你需要连降三档或更多的档位，那就采用长距离制动的方式驾驶。如果一个弯角最多只需要连降两档，就采用短距离制动的方式驾驶。

译者注：除了赛车外，制动方式也和弯角的布局及形状有关。很多车手会在需要"重刹"的地方想好制动点，在需要"轻刹"的地方凭感觉制动。如果需要在短时间内踩数次间隔比较近的制动时，比如

第3章 争取做到更好
Striving for perfection

在组合弯中，很多车手也会凭感觉踩制动。

如果你驾驶的是一辆重型 GT 赛车，你就需要采用长距离制动的方式过弯了。此时如果注意力不集中、被别的赛车干扰或你的赛车没有处于较好的平衡状态的话，你很有可能会错过制动点，冲出赛道。这是因为你选的制动点太晚了，于是你施加的制动力又太大，车轮抱死了。

像 F1 那样车重较小的赛车，通常制动时长都很短。这样一来采用参照物来确定踩下制动踏板时刻的方法就不太实用了。这是因为你没有时间去看距离牌或其他的参照物。看了，你就会错过最佳的进弯时机。坐在 F1 赛车里，注意力还在制动区时你就需要开始为进弯做准备了，节奏很紧凑。所以在 F1 比赛中会有很多车手靠直觉来踩制动，因为制动距离

太短，也没有时间或精力一直把注意力集中在距离牌等参照物上。虽然如此，F1 车手在长距离制动时也会结合两种方式来驾驶。比如在意大利蒙扎赛道，赛车在第一个 S 弯角前会达到 350km/h 的速度。如果仅仅依靠直觉，制动点很难准确判断，此时选择一个固定的参照物就可以大大减小制动失误的可能性。

译者注：弯角里路面的宽度最多几十米。如果制动点晚了几十米就可能在进弯时冲出赛道。对于 150~250km/h 的尾速来说，能保证不冲出赛道的制动窗口期只有不到 1s 的时间。故需要根据距离牌和其他参照物提前做好制动准备。

所以我们要同时练习这两种制动方式，长距离制动时采用依靠参照物和经验的制动方式，短距离制动时采用更依靠直觉的制动方式。

↗ 在2005年蒙扎的GP2比赛中，Neel Jani过弯失败，以直线状态冲出了赛道

长制动的技巧

拿到平面图后首先要观察赛道的形状，判断出哪些弯角是需要最少连降三档才能通过的。一条赛道里通常会有两三个这种弯角。当你判断出这些弯角后，就需要在这些弯角处徒步观察来确定一些参照物了。沿着赛道徒步观察的另一个好处就是可以注意到赛道路面的变化，比如小石子等细节特征。如果不喜欢徒步的话，也可以驾驶一辆车在赛道上低速行驶观

察，然后记住这些赛道特征。

为了更好地理解这种制动方式，举一个例子：

比如，你要通过一个弯角，这个弯角的制动点是弯前 90m。在弯前 90m 的位置开始踩制动踏板，你会在到达较为理想的进弯点时刚好获得适合该进弯点的进弯速度。也就是说，如果你在弯前 89m 才踩下制动踏板，你就会错过最佳的弯心。有 150m、100m 和 50m 三个距离牌。在制动盘片和轮胎温度达到正常范

21

围前，先选择一个绝对安全的制动点，比如150m。在150m处全力踩下制动踏板后，你会在60m处减至合适的进弯速度。不断调整制动点。比如第二次你就可以在通过150m距离牌后的10~20m再开始踩下制动踏板。然后记住这个制动点可以让你在弯前多少米减至合适的进弯速度。通过这种方式，你可以不断接近90m这个最晚的制动点。这种方式最大的难点在于两个距离牌之间可能没有参照物供你参考。

当你刚开始把注意力集中在150m距离牌时，每次都在同一个（150m）位置制动是很容易的。把制动点选在140m时，你就失去了距离牌这个清晰、准确的参照物。这时你就要估算通过150m距离牌后的这10m的距离了。此时可以找找有没有对应这个140m的参照物。同样的方法再尝试从150m距离牌之后的20m再开始踩制动，把注意力集中在这个新的制动点上。坚持不断的训练可以让你对制动点的判断越来越准确。

刚开始你的参照物是150m距离牌，所选的制动点位置在150m距离牌之后的25m以内是可行的。再多就需要把参照物变为100m的距离牌了，于是就变成了，在100m距离牌之前20m踩下制动踏板。如此反复，找到并确认弯前90m确实是最合适的制动点。

改变不同的距离牌作为参照物是一个非常好用的方法。我还记得我的队友在富士赛道的第一个弯角总是坚持不到我的制动位置，总是比我早大概10m就开始制动了。他在80m处制动，而我在70m处制动。通过交流，我发现他总是以100m距离牌作为参照，在通过这个距离牌20m后开始踩下制动。对他来说制动点再延迟10m是非常困难的。我告诉他，我是以50m距离牌作为参照的，在50m距离牌之前20m踩下制动。他尝试了一次，马上就提高了。这也说明了参照物的选择是非常重要的。

和参照物的选择同样重要的就是接下来你要关注的位置。假设制动前你已经把注意力放在弯前90m处，余光也放在100m距离牌上了。踩下制动踏板时，马上就要把目光转移到弯心上。这并不容易，需要时刻提醒自己才能做好。一旦你喜欢这种方法，你就会体会到这种方法的魔力。你会发现在弯中保持走线是很简单的。否则当你错过弯心时，你可能认为是因为制动太晚了，但实际上是因为你的反应太慢了。

如果某个弯角没有距离牌的话，也可以找到一些其他参照物。比如路边的石头、隆起等。所有东西都可以作为制动点的参照物。参照物距离制动点越近，也就越容易起到参照的作用。

短制动的技巧

短制动的特点是弯前减速时只需要降低一两个档位或不需要降档只需较短时长的制动即可。

先要对走线有清晰的认识，然后你才能准确地找到进弯点。进弯点找准之后，才可以在进弯点之前完成适当的制动操作。**进弯时如果你发现难以精确走线或转弯半径变大了，说明你选的制动点太晚了。**

译者注：原文所述的制动点晚了会导致转弯半径变大，指的是保持正常的进弯点（不晚）的情况。

对于很多车手来说，甚至是一些高级别的车手，他们最大的问题是进弯之前没把注意力放在弯角上，而是一直在关注制动点。这就会造成转弯半径变大，从而损失时间。

我之前也总是犯这种错误。铃鹿赛道的T2弯就是个制动时长很短的弯角。这个弯只需要降一个档位就能通过，是简单的中速直角弯。当我用根据参照物来制动的方法过这个弯时，虽然感觉可以更晚些再开始制动，但还总是太早了。当我靠直觉来制动并把注意力放在弯心时，就可以完美过弯了。

全力制动时的制动压力

假设你赛车的制动力分配是合适的。现在你已经知道了该在哪里制动，那么下一步就是了解如何使用制动踏板了。在一段长直道之后，突然把右脚从全油门（即加速踏板踩到底）的位置转移到大力制动的位置。这个操作的难点在于：在还没有建立好对制动踏板的感觉时，我们很容易就会将制动踏板一脚踩到底。制动踏板并不是只有开和关两种状态。踩下踏板这个过程的初期应该是柔和的，然后迅速且稳定地施加到最大力度。初期柔和可以避免赛车在你踩下踏板时出现车头过度下沉的情况，这样就可以让车尾尽量保持稳定。不让载荷过快地转移到前轮，后轮也就不会突然抱死了。这样还可以获得更理想的制动效果。

译者注：在这本书中，没有特别说明的情况下，原文默认的都是后驱车型。

如果你使用左脚踩制动踏板，那么操作就很简单了。**而且你还可以在右脚保持全油门的状态下踩下制动踏板。**

制动时使用多大的**踏板力**取决于赛车的种类。在日本超级GT锦标赛中，最大需要使用120kg的踏板力。F1赛车所需的踏板力通常比这个要小。但是对于F1这种空气下压力非常大的赛车来说，刚刚开始踩制动时就需要140~150kg的踏板力。所以你需要分清大下压力的赛车和小下压力的赛车。驾驶小下压力的赛车时，你需要在刚开始时轻踩制动，让车尾稳定下来。驾驶大下压力的赛车时，你应该随着车速的降低而逐渐减小踏板力。因为随着车速的降低，空气下压力也在降低，如果保持踏板力不变的话，很容易导致车轮抱死。你可以看到F1比赛中，在长直道末端有时会出现前轮抱死的情况。

译者注："踏板力"为脚踝和腿腹等一系列肌肉对加速踏板、制动踏板及离合器踏板所施加的踩踏力。

由于车尾的抬升，如果你保持较大的制动力或你赛车的制动力平衡不是很合理的话，后轮就很容易在大力制动时抱死。如果制动力过大，前轮也容易出现抱死问题。有些车手在直线制动过程中自己没能发现前轮已经抱死了，没能及时、正确地松开一些制动踏板。他们在进弯时就会发现自己的前轮胎已经过载了。但如果此时再去修正，就一切都太晚了。

前轮在达到抱死状态前，方向盘就会给车手一些不同的感受了，减速效果也会和车手所预期的不同。当你通过方向盘感受到前轮即将抱死时，就应该松开一些制动踏板。这种对抱死的敏感性是练出来的，用自己的赛车去体会这种即将抱死的感觉吧。你会从中获益的。

如果在需要减速时没有用尽赛车的**减速能力**，你的圈速就不会太好。如果你有数据分析系统的话，一定要对比看看自己的最大制动力和别人的有什么差异。

译者注：此处的"减速能力"包括了机械制动力和空气制动力，而"制动力"仅为机械制动力。

再说一次：全力制动时，眼睛要看着弯心！

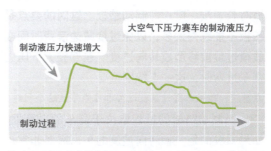

↗ 在大空气下压力的赛车上，车尾的下压力可以抵住一些减速所产生的载荷前移。整个制动过程中，制动力更为稳定

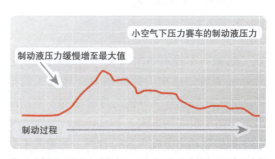

↗ 在空气下压力不大的赛车上，减速所导致的载荷前移会让车尾出现较大的抬升

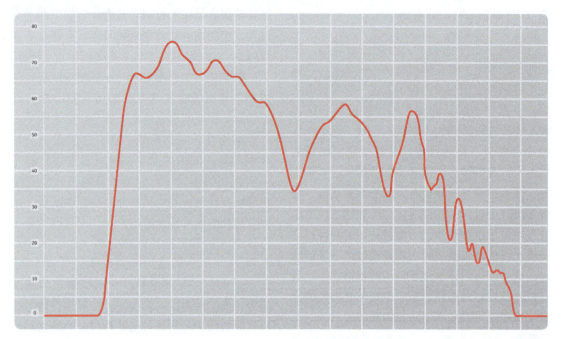

在这个中等下压力赛车的曲线中可以看出：初始制动力上升得很快。我们能看出最大制动力是多少，也能看出在最大制动力保持了多久。当车轮出现了一些轻微抱死时，车手稍微松开了一些制动踏板。当车轮从临界抱死的状态解脱出来后，车手又增加了一些踏板深度。车轮再次轻微抱死，车手再次修正操作。只有像这样的操作，才能尽可能充分地发挥出赛车的全部制动性能

踏板力

不需要消耗掉很多速度的时候，车手就要短时长、浅深度地踩制动踏板。**这时的要点是踏板不能踩得太多，以免过度减速浪费时间或载荷过度前移造成转向过度**。在驾驶大下压力赛车过弯时，这一点特别重要。

译者注： 踏板踩得过深或过久都可能导致这个问题。

松制动踏板的过程取决于赛车的平衡性。如果驾驶的是一辆转向过度的车，需要非常迅速地松开制动。如果是一辆转向不足的车，最好缓慢地松开制动踏板。

控制好抱死

如果赛车没有ABS（防抱死制动系统），那你就需要知道多大的制动力会导致车轮抱死。如何来确定什么样的力度合适呢？主动踩出抱死是个很好的方式。

如果制动力分配设定得合理，后轮是不会抱死的，所以我们只讨论前轮抱死的情况。

对于单座开轮赛车来说，可以直接看到前轮是否抱死了。

如果你的赛车看不到前轮呢？对于没有转向助力的车来说，在抱死时方向盘会给你一种转向手感变轻了的感觉。对于带有转向助力的赛车来说，方向盘所能提供的抱死反馈并不明显。要注意的是，车手可能会因过度关注方向盘的反馈而导致注意力分配不当，忽视了其他一些同样也很重要的事情。

如果一直开同一辆赛车且赛车的调校基本保持一致的话，你会对这辆赛车的抱死有着很好的把握。坐进了一辆以前没有开过的赛车里，如何能快速准确地找到这种临界抱死的感觉是每个车手的必修课。

轮胎温度正常后，我们可以在一个长直线的末段进行测试。从一个你有绝对把握的制动点开始制动，逐渐增加踏板力。当你感知到车轮临界抱死时，记住这个感觉。如果车轮早于你的预计就已经抱死了，多松开一些制动踏板，待车轮重新开始旋转后，再重新加大踏板

力，重新寻找临界抱死的感觉。如果你的车轮始终没有抱死，那很可能是因为这辆赛车需要你对制动踏板施加的踏板力远大于你的想象，或是这辆赛车的制动力分配设定得不合理。

制动对圈速的影响极大，也是车手最难精进的一项技能，唯有多练习才能掌握并提升。

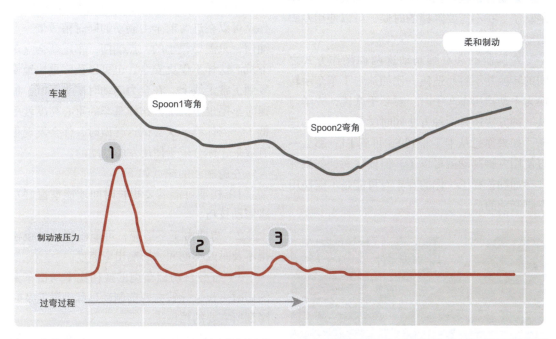

图为铃鹿赛道Spoon弯的踏板力曲线。黑线是常规操作的曲线。Spoon1弯角是重制动弯，但也需要保留一些车速，所以不需要踩到最大制动力。在Spoon2弯角时，制动力应该是柔和施加、柔和释放的。红线是左脚制动的曲线。在使用左脚制动时，三次施加制动力的目的是克服转向不足，利于过弯

制动力分配

最好是在空气动力影响较小的低速状态下寻找合适的**制动力分配**比例。建议你可以先从前轮60%、后轮40%的状态开始测试。从一个足够保守的制动点开始，踩下制动踏板。如果后轮抱死了，就将制动力分配往前轮调一些。如果不需要很大的踏板力，前轮就抱死了，说明前轮制动力分配得太多了。在测试过程中，感觉到轻微抱死时就要立刻松开制动踏板。否则在抱死状态持续太长时间的话，轮胎的损耗就会很大。

译者注： 制动力分配也常被称为制动力平衡，是指踩下制动踏板时，前、后轮的制动力分配比例。

寻找合适的制动力分配比例时，最难的一点是在赛车处于合适状态时，准确地识别并确认出这种状态。这就需要车手对临界抱死有着极敏锐的感知，对制动踏板的深度和速度有着极精确的控制。

我们所寻找的合适的制动力分配比例应该是这样的一种状态：即使制动点晚了，制动踩得过多了，也不会轻易出现转向过度或让赛车进入钟摆。所以在测试时，如果在前轮已经抱死、后轮却还没有接近抱死状态的话，最好能给后轮多分配一些制动力。在全力制动时，后轮要有足够大的制动力才能让车尾下沉，从而让车尾更加稳定。

相对于干地驾驶来说，在湿地驾驶时，我们需要让后轮的制动力分配比例更大一些。这样才能适应湿地的低附着力，充分发挥出四条轮胎整体的制动性能。

左脚制动

如果是普通手动档赛车的话，在需要用左脚踩离合踏板降档的时候，就无法使用左脚制动了。在不需要降档的时候，可以使用左脚制动。

左脚制动和右脚制动这两种操作方式之间的转换并不容易适应。比如从卡丁车车手转换为手动档房车车手时。对新手来说，先学习某一种方法还是两种方法同时学是个困难的选择。如果你想从卡丁车到F3再到F1，那么一直使用左脚制动就可以了。但要注意，如果你去参加勒芒赛了，你的赛车有可能是不能使用左脚制动的。

↗ 用左脚踩制动踏板对驾驶很有好处

左脚制动的优势如下：

1）左脚随时准备好了踩下踏板，这会给你很大的信心，也是许多左脚制动的人不愿改用右脚的原因。但要注意在短时间内不需要制动的直线段上，不能把左脚持续放在制动踏板上。

2）可以随时控制赛车的俯仰，特别是在弯中。

3）**整个过程中右脚一直没有换位置，可以节省体力。**不用急于在弯前移动右脚，你就可以将注意力更多地集中在走线上了。

译者注：脚始终保持在踏板上，对于精确地控制踏板来说也是非常有好处的。

4）进弯时可以同时踩下加速踏板和制动踏板。这是左脚制动最大的优势。

如果你错过了制动点，通常的情况是在随后转向时出现转向过度。你会反转方向盘救车，从外线低速出弯。使用了左脚制动的话，你就可以在进弯前全力制动的同时稍微带一点油门，只需要很小的一点油门，车尾就会立刻下沉。这样不仅更安全，也可以让你更快地恢复到正常走线上。在全力制动时车头下沉，加速时车尾也下沉了，这样整车的重心高度就更低了。当你第一次尝试这样做时，你会发现很有效果，你会乐于使用左脚制动的。

左脚制动的缺点如下：

1）初期可能需要很长时间才能掌握好左脚制动技巧。

2）初期由于不适应，可能松制动踏板松得不及时或不彻底，影响出弯速度。

3）有些自动档车型的换档比手动档车型的用时更长，导致在弯前制动过程中没能及时降到所需要的档位。

4）在某些赛车上，左脚的力度可能不够用。

5）容易导致更大的燃料消耗率和更高的制动温度。

以日本方程式或类似组别的车为例。你需要在很短的制动距离内连降数档，而顺序降档又太费时间了，所以你会发现制动点的早晚取决于整个降档过程所需的时间，而非赛车的减速性能。

究竟要不要用左脚制动呢？每个人都有自己的想法。我用左脚制动的主要原因是在控车操作时可以有更多的可能性。

试车和练习的时间和成本都是宝贵的，车队想要的是测试结果和圈速。所以提醒一点：如果你想在这段时间里练习左脚制动的话，可能会引起一些不愉快。

循迹制动

在传统走线里，在进弯点之后就不踩制动踏板了。现代驾驶理论认为，这样不是最佳方案。在某些弯角上,循迹制动比传统的进弯方式更快。简单来说,循迹制动就是在进弯时保留一定的制动力度,直到弯心。走线的横向宽度增加了,制动区的长度也就增加了,所以我们就可以选用更晚的制动点了。出弯时我们还可以获得和传统走线一样的加速点。还有一点就是循迹制动时后轮更加稳定,更不容易产生转向过度。

循迹制动的难点是需要同时考虑赛车的减速效果和走线两个问题。建议你在完全掌握了传统走线,把进弯过程和走线都练成习惯性动作后,再开始练习循迹制动。这样在练习时你只要注意控制好制动就可以了。

180°弯最能发挥出循迹制动的优势,所以下面我们以180°弯为例进行讲解。

在常规制动点制动并正常降档。这个过程中的制动力不需要用到最大。这样在进弯点处的车速就会比正常车速更快一些了。通过进弯点时再松开一些制动踏板,但不需要完全松开。在保留部分踏板力的同时柔和操作方向盘,切向弯心。注意:此时的视觉注意力应该在弯心。

此时踏板力控制着轮胎的纵向载荷,方向盘转动的速度和角度控制着轮胎的横向载荷。松开部分制动是因为轮胎此时的附着力不能同时满足制动和转向的需求,所以必须减小制动对轮胎附着力的需求,才能留出一些附着力供转向使用。练习时先柔和地踩制动,再逐渐加大踏板力。在使用外-内-外的走线时,也可以使用循迹制动。

在传统方式里,**进弯前松开制动踏板的目的是让车的重心恢复状态,车尾恢复到正常位置**,这样在转向时就不会突然出现转向过度了。循迹制动却不同,进弯时持续保持着制动踏板的深度,车头依然是下沉的。如果是在全力制动的状态下转向,赛车很可能会进入钟摆状态,所以我们松些制动的目的之一是让赛车的重心恢复一些。即使制动踏板没有完全松开,重心位置也比全力制动时更合理一些。

译者注:在传统方式里,需要彻底松完制动踏板后再开始转动方向盘。否则轮胎的附着力可能不足以让赛车在制动的过程中开始转向。

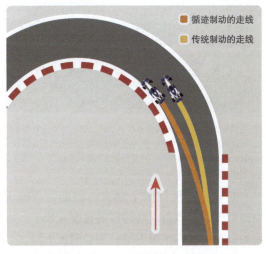

↗ 如果方向盘转得太快了,制动就不能踩得太深。稍早些开始转动方向盘,进弯的初始阶段要柔和操作

练习时要谨慎地尝试赛车的极限。制动和突然的转向会让内侧轮有抬升的趋势。所以如果此时转动方向盘的速度或角度太大的话,也有进入钟摆的可能。

在以下情况下不要使用循迹制动:车辆本身就有进弯转向过度的趋势;过某些半径小的高速弯或中速弯时。

我第一次做循迹制动是在一个下坡回头弯。我选择了一个稍晚的制动点并保持制动到弯心,效果很好。然后我就做得更激进了,我就进入钟摆了。从圈速上看,循迹制动很有效,就像控制自己的注意力一样,循迹制动的效果可以好到让你惊喜。

减少抱死

虽然前后轮胎都发挥出最大附着力时,才能有最好的减速效果。但在实际中一定要让前轮胎早于后轮胎达到临界的状态,并完全用尽前轮胎的附着力。后轮胎处于临界状态时比较容易出现转向过度或钟摆,所以让后轮胎过分地接近极限状态不一定是好事。

极限驾驶
Driving on the edge

↗ 在需要循迹制动的弯角前很容易出现失误。图中蓝色赛车正在尝试着避免进入钟摆。方向盘和制动踏板的操作配合得不好是此次失误的主要原因，注意力没放在弯心上也是一个重要的原因

偏向后轮。这种重心向后的趋势可以让你在踩下制动踏板时，整车更平衡一些，车尾更稳定一些。

F1赛车上的能量回收系统（KERS）也会对赛车的平衡和性能产生重要影响。能量回收过程中，能量回收系统会让车轮减速并影响到载荷转移。回收并储存的能量可以在后续的直线段上提供短时间内更好的动力。

后轮抱死的原因主要有：制动力分配太偏向后轮了；载荷向前转移的速度太快了；后轮的发动机制动作用不足；制动温度不同。

F1赛车在出现后轮抱死时会自动增加发动机转矩。如果你的赛车没有这个功能的话，在左脚制动的同时用右脚补油也可以防止后轮抱死。右脚制动的车手可以在进弯前就松开制动，让重心尽可能多地恢复到自然状态。

发动机制动在后驱车上的作用比我们想象的要大。发动机制动的效果越大，重心就越

↗ 迈凯伦赛车的能量回收组件藏在了车身内部。上方的指示灯亮起表示能量回收系统正在回收能量

换档技术

降档的前提条件是发动机的最高可用转速要和新档位以及当时的车速相匹配。有些车手想尽早利用发动机制动来稳定车尾，倾向于早些就开始降档。对于手动控制档位的赛车来说，如果在制动系统还没有将赛车降至合适的速度时就开始降档操作的话，发动机就会超转。对程序里有保护逻辑的自动变速器来说，不会出现发动机超转的情况。有些赛车的节气门可以在一定范围内去主动适应车手的换档操作。这样的设定对于安全换档来说也是有好处的。

跟趾

只有转速稳定了，轮胎的附着力才能稳定，赛车也才能更稳定地进弯。跟趾的作用主要是在降档松离合器踏板时，让后轮的转速更稳定。现在很多自动变速器已经默默地在为你做好这一切了。但如果你的赛车装备的是手动变速器，那就需要你自己做好跟趾。

→ 右脚同时放在制动踏板和加速踏板上

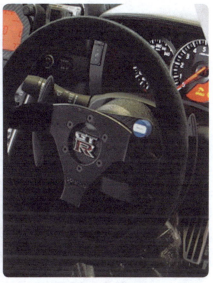

→ 有换档拨片的赛车降档操作很容易

名字虽叫"跟趾"，但只有在制动踏板和加速踏板距离很远时，我们才需要用脚趾踩制动踏板，用脚跟踩加速踏板。常规的操作是用右脚的左半部分踩在制动踏板上，通过扭动脚踝用脚掌的右半部分去踩加速踏板。日常驾驶中，每次制动降档时都可以练习这个动作。练习时只需轻踩制动即可。

做好跟趾首先要确定降档时到底需要补高多少转速。目标是在松开制动踏板时赛车的重心尽量稳定，没有明显的发动机制动效果。如果转速补得不够高，赛车会在松开离合器踏板时突然大幅度地减速，造成重心和后轮胎的极度不稳定。如果转速补得太高了，赛车会在松开离合器踏板时突然向前冲。

我只在雨天时使用跟趾，由于地面湿滑，如果不用跟趾的话赛车很容易转向过度。我在干地驾驶时并不用跟趾，从F3赛车到F3000赛车，不用跟趾并没有妨碍我取得冠军。

是否使用跟趾主要取决于你驾驶的是什么样的赛车。单座赛车尾部的下压力会施加给轮胎更大的垂向压力，所以不需要跟趾。我后来驾驶的车重较大的那些房车就必须使用跟趾了。在日常驾驶中，如果你驾驶一辆普通轿车或运动型轿车，我非常建议你使用跟趾。这样你不仅可以防止转向过度，也可以让换档的过程更平顺。你永远不知道在你的职业生涯中会驾驶什么样的赛车，所以我的观念是所有车手

→ 有些车手只踩在加速踏板的边缘

极限驾驶
Driving on the edge

都应该学习跟趾。即使你的目标是驾驶F1赛车，在日常的驾驶中你也会用到跟趾。

↗ 跟趾失误时车尾会滑起来，即使你能安全地救车，也免不了丢失了排位

↗ 左脚制动不仅可以更高效地换档，还可以让车手节省体力

↗ 1992年的霍根海姆赛道，塞纳在队友前方使用跟趾

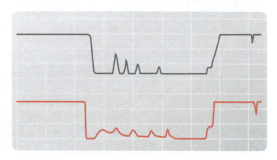

上图中黑线是左脚制动时的加速踏板深度曲线。在这条线上，车手松开加速踏板和再次补油的操作都是非常清晰的。红线是右脚制动时的加速踏板深度曲线。他的操作就不像左脚制动那么清晰了，但也是非常高效的。右脚制动时，我们可以使用离合器，所以降档前不需要把加速踏板完全松开。

左脚制动时的降档

如果你使用的是没有同步器的变速器，你可以在左脚制动时进行降档操作。**右脚快速地松开些加速踏板，让变速器齿轮间啮合的压力减小些，然后你就可以降档了。**具体加速踏板要松多少，取决于赛车和发动机的情况。

译者注：如果转速、车速及新档位不是匹配得非常合适的话，在换入新档位前，可能你就需要在空档补一些转速，等转速自然下降到适合新档位和当时的车速时，才能将变速杆换入档位。

在湿地上驾驶时，这样操作可以让你不再担心换档所导致的后轮转速波动和不稳定。

这种操作对变速器的伤害比使用离合器而不使用跟趾对变速器的伤害更小，也比在错误时刻松离合器踏板对变速器的伤害更小。

升档

有些赛车上装备了能让升档更平顺的辅助程序。车手在进行升档操作时程序会控制发动机的喷油动作，保持发动机转速平顺。这个程序可以让圈速提高大约0.2~0.4s。如果你所参加的比赛中不允许使用这套系统，那在升档时你就需要松开些加速踏板了。

对于没有同步器的变速器来说，应该先给变速杆施加一些力并保持住，然后再松一些加速踏板。当转速降至合适值时，变速杆就自动地换进去了。

对于有同步器的变速器来说，在换档过程中可以保持加速踏板的深度不变，让转速保持住，松开离合器踏板时赛车会向前冲一下。这样可以让圈速提高0.2s左右，但也可能会损伤离合器及发动机。通常我只在排位赛做圈速时这样操作一圈。

惯性会让赛车在踩下离合器踏板时继续行驶，所以换档操作好不好，对圈速的影响并不会特别大。高手和顶级高手之间因为换档差异而产生的圈速差异大概是0.2~0.4s。如果你在升档时保持了加速踏板深度的话，差异可能会比0.4s更大一些。

过弯技术

了解了制动和换档的技巧之后，我们再来看看如何过弯。为了做出最快的圈速，我在富士赛道里尝试过许多种过弯方式和走线，下面就来介绍一些常用的过弯方式。如果你看不懂书中这些数据的话也没关系，不少车手都看不懂。有些车手在某个赛道上，只要按照这些方法去做，圈速一定会好。

写这本书时最大的一个困扰是，每个弯角都是独特的，没有公式化的过弯方式。这也是每个车手都会面对的问题。有些车手在某个赛道很快，但在别的赛道很慢，就是因为他不善于改变自己的过弯习惯。

每辆车每时每刻都有自己的特点，所以走线要适应赛车。比如，随着燃料的消耗，赛车会有从转向不足逐渐变成转向过度的趋势，好的车手要能够及时适应这些变化。

如果按照之前所讲的传统走线过弯，你不会很慢但也不会是最快的。那现代的过弯方式又有什么不同呢？

还是以180°中低速弯为例。我们可以在纽博格林看到很多这种需要全力制动、弯中距离长、出口收窄的弯角。现代的过弯方式认为，你需要在过弯时保持一定的加速踏板深度。同时掌握了现代方式和传统方式后，就可以更好地应对这些弯角了。

传统过弯方式

传统过弯方式的操作步骤如下：
1）全力制动。
2）以不踩任何踏板的滑行状态进弯。
3）小心地调整加速踏板深度，让赛车在整个过弯过程中都保持在临界状态。
4）找到可以开始加速的点，尽量用尽赛道的宽度，加速出弯。

这种过弯方式的缺点是不能使用循迹制动，所有的减速工作要在进弯前就完成，所以在弯前就浪费了一些时间。

双制动过弯方式

一些新手会使用下面这种方式过弯，严格来说，这也是传统的方式：
1）在弯前的直线段全力减速。
2）松开全部或部分制动踏板，开始进弯。
3）在进弯过程中再次加深制动踏板减速。
4）保持较小的加速踏板深度，切向弯心。
5）通过弯心后加速出弯。

在使用这种方式过弯时，车手的精力主要是放在找弯心上了，容易忽视进弯段的走线和制动。很多车手想用这种方式达到早出弯的目的，但这种走线的进弯点过晚，路径过长，转弯半径过小。这些因素不仅会导致弯中最低速度很低，也会导致在弯心之前车手不敢全力加速。最终，早出弯并没有带来提高出弯速度的效果。

极限驾驶
Driving on the edge

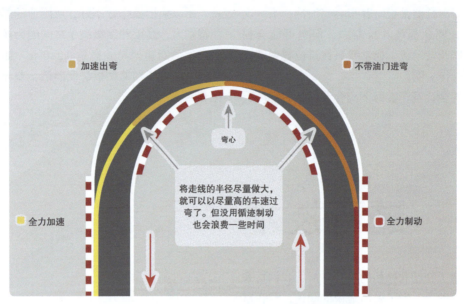

↑ 传统过弯方式：最大化的过弯半径，可以允许最大化的过弯速度，但却不能用循迹制动

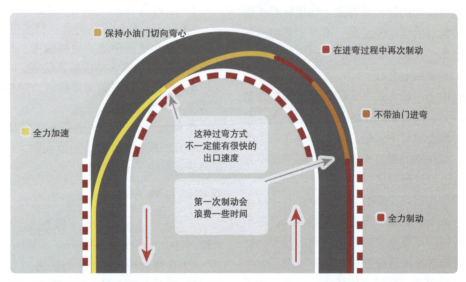

↑ 一些新手的方式：大量时间浪费在了两次制动之间

循迹过弯方式

更合理一些的过弯方式是这样的：
1）尽量保持直线状态，全力减速。
2）以循迹制动的方式进弯。
3）完成大部分转向工作后，保持小油门（即较浅的加速踏板深度）继续切向弯心。
4）通过弯心后全速出弯。

这种方式的优点是可以把制动点选的非常晚。制动过程的初段要保持直线行驶来获得尽可能大的减速效果。要注意的是，弯角太长了，所以在保持小油门切向弯心时，即使已经把赛车调整到适合出弯的角度了，也不能全速出弯，所以这种方式更适合长度较短的弯角。我认为这种走线不是最好的，原因是弯中最低速度太低了。

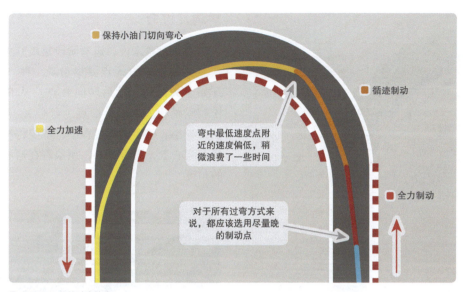

↗ 更合理一些的过弯技术

双弯心过弯方式

我认为最好的过弯方式是在弯中选用两个弯心：

1）在进弯前全力减速。

2）使用循迹制动，向着第一个弯心进弯。

3）在两个弯心之间保持一定的速度，不必贴紧内侧路肩。

4）在第二个弯心处加速出弯。

在做循迹制动时，需要早一些开始转向。在第一个弯心前尽量多转过一些角度，以便更快地切向第二个弯心。在第二个弯心时车头指向尽量向着弯角的出口。

这个方式的优势在于：整个制动过程都和转弯过程重叠在一起，进弯前可以让赛车以较高的尾速多驶过一段距离，而且弯中最低速度也比其他走线方式更高。

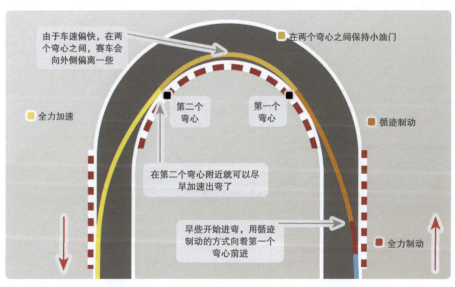

↗ 早进弯，循迹制动切向第一个弯心。为了让弯中最低速度尽量高一些，弯中不必贴紧内侧路肩。在第二个弯心处全力加速出弯

制动及进弯

对于过弯来说,进弯阶段是极其关键的。

开始减速的 A 点要尽量晚一些。从 A 点开始全力减速,然后转向 B 点。从 B 点开始松制动踏板。越接近 C 点(弯心),需要的制动力越小。整个进弯过程中,都要将注意力保持在弯心上,看着弯心,想象着在弯心时赛车的角度。

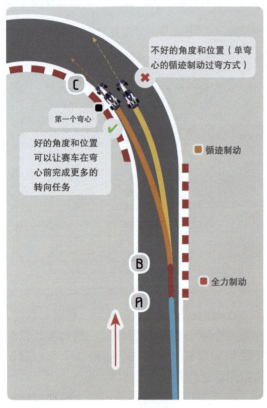

↗ 好的角度和位置可以让赛车在弯心前完成更多的转向任务

↗ 开始踩制动时,就要将注意力放在弯心了

减速时赛车的载荷前移,前轮胎的载荷增加了,前轮胎所能提供的附着力也会增加。转

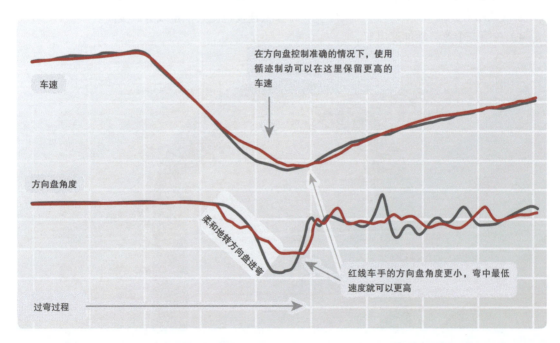

↗ 图中红线是双弯心方式的效果,蓝线是传统走线的效果。在双弯心方式中使用了循迹制动,所以弯中最低速度可以更快一些,转向的操作可以更柔和一些,所需的方向盘角度也更小一些

第3章　争取做到更好
Striving for perfection

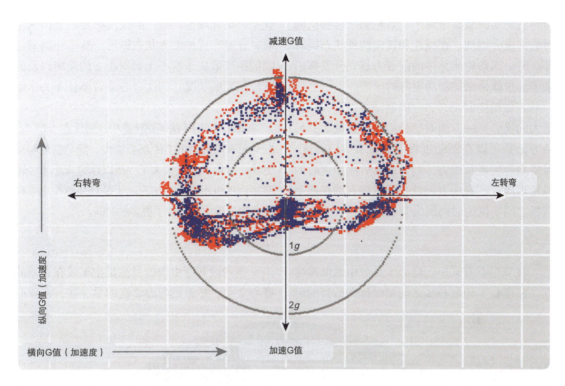

↗ 从G值记录中我们可以看出，红线赛车所获得的G值更大一些。这主要是因为进弯过程中方向盘的角度越小、转动速度越慢，轮胎性能发挥得就越充分，我们所能使用的轮胎附着力就越大

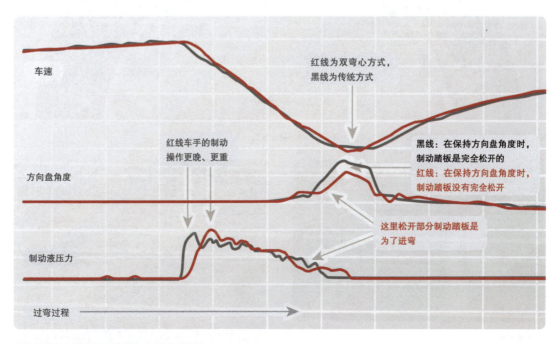

↗ 红线所示车手的减速时刻更晚，减速G值更大
↗ 红线所示车手方向盘的最大角度更小，且在最大角度时还保留了一些减速能力
↗ 黑线所示车手方向盘的最大角度更大，但在最大角度时轮胎已没有额外的附着力可以用来减速了

向时后轮胎的载荷增加了，后轮胎所能提供的附着力也会增加。在减速和转向两种状态同时存在时，四条轮胎总体的附着力就充分发挥出来了。这就是循迹制动更好的原理。

在做循迹制动时，左脚制动可以让你获得更大的优势：一方面对踏板的操作更灵活；另一方面是可以在制动过程中保持节气门开度、保持涡轮转速及压力，利于减少后续加速时的涡轮迟滞；还有一方面就是可以将右脚在两个踏板之间换位的时间损失节省出来。

弯中

在双弯心方式中，弯心1是弯中最低速度点。在弯心1和弯心2之间要保持在适当的走线上，柔和加速。这一阶段没必要贴紧内侧路肩，让赛车保持临界状态即可。赛车和路肩之间的距离取决于弯心1到弯心2的距离以及此区段路面的状况。到达弯心2时要让车头尽量指向出口。

2006年的F1法国站比赛中，每次在180°弯，舒马赫和阿隆索的差距都会加大。舒马赫的制动更晚，弯角长度又太大了，所以在完成小半径转弯之后他也不能全力加速。于是舒马赫在小半径转弯的过程中就耗费了更多的时间。

出弯

进弯段和弯中段的目标是把车放在合适的弯心2上。尽量把弯心2选的早一些，在弯心

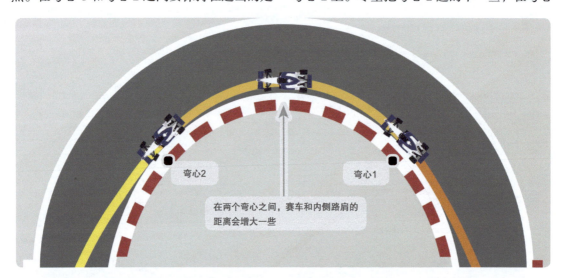

在两个弯心之间，赛车和内侧路肩的距离会增大一些

↗ 在两个弯心之间，如果强行贴紧内侧路肩的话，弯中平均速度就会很低

↗ 在弯中把注意力放在你计划的走线上

↗ 在西班牙巴塞罗那赛道上，梅赛德斯车队的舒马赫和罗斯伯格采用了截然不同的过弯方式

2时就可以开始加速出弯了。到达弯心2时,把视觉注意力集中在随后的直线上,尽量看得远一些,只用余光看外侧路肩。出弯时尽量用尽赛道外侧的宽度。如果赛车角度很好的话,很快就可以全油门加速了。

出弯时一定要做好反转方向盘救车的准备。出弯加速点选的越早,在加速过程中所需转过的角度就越多,也就越可能出现后轮滑移、转向过度及进入钟摆的情况。

"出弯速度决定圈速,要慢进弯、快出弯"这句老话值得讨论。

↗ 出弯要尽量用尽路面宽度,但有些不平整的路肩会损耗你的减振器,有些路肩也会很滑

净功率等很多因素会限制直线上的极速。在直线的后段,5km/h的速度差可能会消失,时间差距也就没有想象的那么大。

↗ 出弯时应该将注意力放在随后直线段的外侧

如果出弯快5km/h,不一定在随后的直线上就能快5km/h。空气阻力、传动齿比、轮上

在意识到这一点以前,我总是用传统方式高速进弯,艰难地保持在走线上。于是在加速出弯前,我的赛车经常会处于临界状态,出现一些轻微的滑移。当时我认为我自己已经开到极限了,没人能比我更快了。其实,那时候我并没有将赛车的性能完全发挥出来。使用传统方式过弯时,赛车在进弯前就完成了减速任务,所以进弯时只用到了轮胎横向附着力。这并没有充分利用车辆的性能。

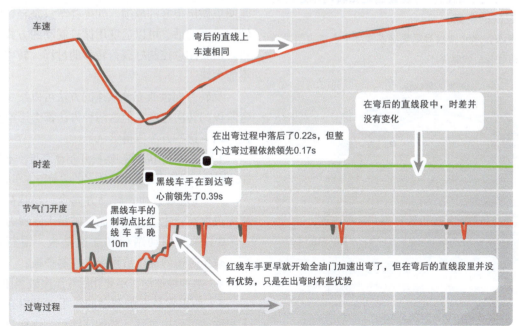

↗ 红线车手出弯时的加速点更早,在出弯阶段获得了优势。但为了获得这个优势,他就必须在进弯前更早地开始制动。从时差曲线上可以看出,早加油的优势抵不过早制动的劣势

控制转向不足

如果你的赛车有转向不足的趋势的话,最好能解决它。否则在弯中赛车的角度就不会太好,弯中最低速度和过弯的平均速度也都必须降至很低,而且在出弯时也不能有太早或太多的加速。

解决转向不足问题的几个方法如下:

1)为了解决转向不足的问题,可以先尝试在循迹制动过程中,在保持方向盘角度不变的情况下将制动踏板踩得更深一些。如果在加深了制动踏板后转向不足的情况有所缓解,那就说明更深地踩制动踏板是有效的解决方法。如果在循迹制动时深踩制动踏板导致了更严重的转向不足,那就说明你赛车的转向不足问题实在是太严重了。

2)进弯时缓慢地转动方向盘,缓慢地对前轮施加载荷,轻踩制动循迹进弯。在这个过程中可能需要随时调整走线,以便让赛车在第一个弯心时能有正确的车头指向。

3)如果在两个弯心之间出现了转向不足,就要非常柔和谨慎地加速了。因为在此阶段加速过多的话,可能会出现由转向不足到转向过度的突变。

译者注:此处特指后驱赛车或在弯中表现出明显的后驱特性的四驱赛车。

4)弯中出现严重转向不足时还有一个方法值得尝试:让载荷向前转移。通常,晚一些再开始加速或用左脚轻踩制动踏板都可以产生这样的效果。要注意的是,有些赛车可以通过加速来产生出更多的转向效果。对于这种赛车来说,加速踏板在此时的作用是控制转弯特性,而不是加速。

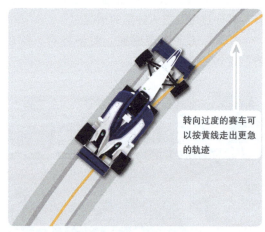

转向过度的赛车可以按黄线走出更急的轨迹

↗ 由于转向过度,赛车在弯中的表现会更灵活

控制转向过度

转向过度的赛车可能让你在排位赛的前几圈里做出很好的成绩。如果赛车只是轻微的转向过度的话,可以适度用循迹制动的方式进弯。但要注意控制好载荷转移的过程,转移得不能太快。

反转方向盘或充分减速的方法可以减少进弯阶段的转向过度,但这两种方法都会影响圈速。以下这些方法值得尝试:

1)完成降档后就彻底松开制动踏板,不用循迹制动,这样可以将尽可能多的载荷留在车尾。

2)在进弯点快速转动方向盘。在载荷前移完成之前,主动让前轮胎突破最大附着力。

3)松开制动踏板和加速踏板,滑行进弯,减至合适的速度后再继续控制踏板。

4)柔和地加油,不要让后轮胎突破极限。

5)如果你是左脚制动的车手,可以在踩下制动的过程中再踩一些加速踏板,这样可以降低车尾,将尽可能多的载荷留在车尾。

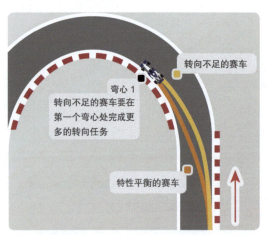

↗ 转向不足的赛车需要更低的进弯速度。这样才可以在第一个弯心处转完更多的角度。也才可以在随后的出弯阶段不再担心转向不足问题,敢于加速

如果你驾驶的是单座赛车的话，我认为在进弯点快速转动方向盘的方式会更合适些。

转向过度时的制动

重制动时转向过度会加剧。这个问题困扰了我很久。在研究了队友的数据记录后我找到了解决办法。

下图中蓝线是我队友的曲线。他在重制动时是将加速踏板保持在最大位置的。虽然制动和加速踏板重叠的时间只有0.16s，但这段时间足够让车尾下沉了。车尾稍微下沉一些就能让后轮胎的稳定性好很多。使用这个方法时，要注意重叠时间不能超过0.2s，否则减速的效果不会太好。

随后我就尝试了这种方法。虽然这是我第一次这样做，也只是一次尝试，但结果好得让我吃惊。我可以用这种方法把进弯转向过度的赛车开得很快。

因为制动盘片的使用量更大了，所以在使用这种方法时要注意制动盘片的磨损会更快，变速器的载荷更大了，所以在使用这种方法时要注意变速器的磨损也会更快。加速踏板并没有松开，所以在使用这个方法时还要注意转速和降档的时机，防止档位、转速和车速不匹配。

译者注：如果你想在每圈都多次使用这个方法的话，除了磨损外，也一定要注意制动盘、制动片、制动液的温度。

阿隆索在巴塞罗那驾驶的雷诺赛车就是严重转向过度的。我在录像里看到每到下坡左回头弯，他都要修正严重的转向过度。我觉得他没控制好前轮胎，循迹制动时他没有用正确的方式给前轮胎施加载荷。

如果你已经将赛车发挥到极限了，圈速却还没有提升的话，就要自己反思了。完美意味着在所有的地方都让赛车处于极限状态。"所有的地方"不是在说每个弯角，而是在说弯角的每个部分。多尝试几种不同的走线及控车方法，也许就可以解决转向不足或转向过度的问题了。多压一些路肩也许能解决问题。但在压路肩时要注意：至少要留两个轮子在赛道上才不算违规。

以上我们讲的都是长距离的180°回头弯的过弯技巧。在赛道上还有很多其他形状的弯角，有些比较容易通过，有些则比180°回头弯更难一些。赛道上的弯角千差万别，但基本万变不离其宗。下面就来看一下其他几种弯角的过弯技巧。

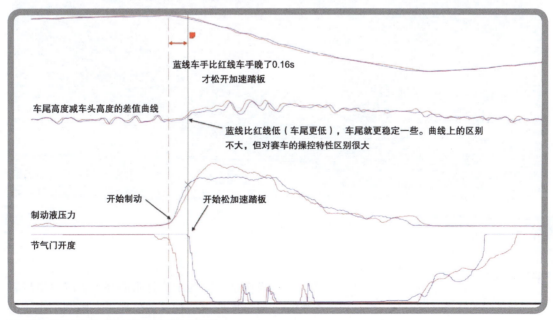

↗ 图为开始踩制动后，松加速踏板时机早晚的区别

极限驾驶
Driving on the edge

↗ 完美意味着每时每刻都做到极限

↗ 适度压路肩可以带来很多优势

中低速弯

低速弯的特点是没有弯中段,松制动踏板后就可以立刻加速出弯了,赛车全程都处于极限状态。为了降低重心高度,减少出现转向过度的可能性,如果你是左脚制动车手的话,可以在制动踏板完全松开之前就开始加

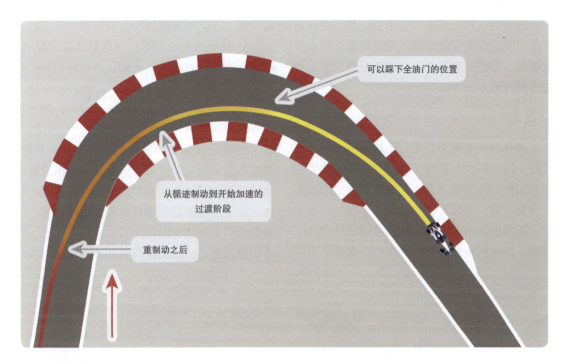

↗ 中低速弯角走线

速。如果你的赛车在这种弯中容易出现转向过度的话,那就不要使用循迹制动或双弯心的方式进弯了。你也可以尝试着提高一些弯中最低速度。

中高速弯

平均速度越快的弯,越要少用循迹制动。中高速弯的制动距离很短,所以在进弯时晚制动的意义并不大。我们能做的是尽量提高弯中最低速度。为了提高弯中最低速度,我们要让转弯半径尽量大,也可以稍微用一些循迹制动。循迹制动的时间应该短一些,否则进弯太深了,弯中最低速度就太低。

如果这是个不需要制动的高速弯,有可能需要在进弯时松一些加速踏板,让载荷前移一些。

如果在弯中出现了转向过度,可以在弯前松一下加速踏板,然后再恢复踩加速踏板进弯。这样就可以在进弯时通过加速踏板让载荷后移起到稳定车尾的作用。

↗ 中高速弯角走线

进弯太晚和目光看得太近是中高速弯的常见错误。如果总是因为加速而错过了弯心,那就需要更早一些进弯。由于速度快,可能你在弯中没有足够的时间可以用来修正车辆的滑移。如果是这样的话,你就需要在进弯时就计划好并控制住走线。

通过高速弯所需的时间不长，所以在高速弯上冒险进弯或冒险出弯对圈速的提升没有太大帮助。在整圈赛道中，高速弯是最后才需要考虑到的地方。

渐收弯

渐收弯的可用半径是逐渐减少的，弯心在后段，所以需要晚进弯，并且在弯中始终要把赛车保持在合适的位置上。这种弯的进弯点不太容易找到，需要多次尝试并找参照物作为标记。下图中的过弯方式是把循迹制动持续到了弯中。制动踏板全松开时赛车已经在适合出弯的位置上了，此时就可以立即加速出弯了。

这种弯的重点在于：过弯的过程比较长，所以很容易错过弯心。在到达进弯标记时，你就要把注意力集中在后段的弯心上。

在一些半径逐渐减少的高速弯中，图中这种方法也同样适用。

出弯处转角变得更加柔和的弯是渐开弯，难度不大，早一些进弯可以充分利用出口处的路面宽度。从松开制动踏板开始，就可以在逐渐回正方向盘的过程中开始柔和地加速了。这种弯角只要在进弯时把注意力放在弯心上，弯中不错过弯心，就比较简单。

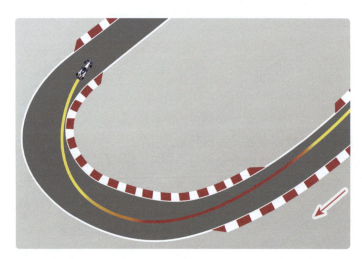

↗ 渐收弯走线

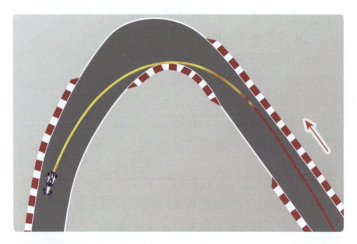

↗ 渐开弯走线

复合弯策略

看完了这些单个弯角的过弯技巧后,下面来看组合弯的技巧。如果两个弯角之间的距离很短,没有足够的距离和时间让车手把赛车调整到最佳位置、角度及状态去进下一个弯的话,这两个弯角就是一组组合弯。对于组合弯来说,走线对过弯用时的影响非常大,远比循迹制动那些技巧要大。如何走线和控车,主要就要靠车手自己的尝试和理解了。

如果是很多个弯角组合在一起的话,仅凭感觉和圈速很难判断出哪种走线及控车方式更好。这时你就需要用数据分析系统来确定最适合自己的走线及操作方式了。

短间距减速弯

虽然减速弯有很多种类型,但今天我们所说的这种技巧可以适用多数情况。减速弯一般会出现在长直线的中后段上,目的是让车手控制好速度,并为随后的低速急弯做好准备。减速弯一般都很窄,所以要用尽一切可能的宽度。面对这种弯,首先要确定的是在进口、出口处能否压一些路肩。如果可行就尽量多压一些。在进口处压一些路肩可以创造出更大的转弯半径、更晚的制动点、更短的行驶距离。

在循迹制动过程中,如果轮胎压在路肩上了,可能会出现弹跳、滑移等情况。跳跃后赛车在落回至地面时可能就不在正确的位置上了。为了让轮胎、减振器及衬套等部件更好地应对路肩的颠簸,在压路肩前可以适度多松开一些制动,这样可以让重心尽量恢复至适中的位置,让赛车的各个部件都尽量恢复到匀速直线行驶时的状态。松开一些制动还可以减少前轮载荷,提高整车的稳定性。

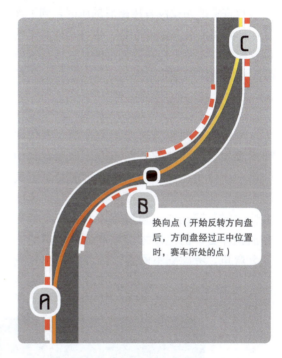

↗ 反转方向盘过程中,在方向盘经过中间位置时,赛车位于第一个弯心之后一些的B点

1)从 A 点到 B 点的过程和 180° 回头弯的技巧类似。在 B 点时赛车的位置和角度很重要。

2)操作要点是柔和且迅速,让车头在 B 点前就向左偏一些,载荷转移要在 B 点前完成。此时完成载荷转移的目的是防止 B 点之后开始加速时,加速和载荷转移的过程出现过度重叠。在载荷转移尚未完成的时候就开始加速容易造成转向过度。

3)从 B 点到 C 点的过程类似 180° 弯的

出弯，柔和加速，用尽路面宽度。

理论上来说，在下图所示这个中高速弯角中空气下压力对赛车的影响很大，后方的赛车处于不利地位，但前车费斯切拉在第一个弯角 A 到 B 的阶段里选择了半径更小的走线，没有压在路肩上。基米就是抓住了这个机会，选择了更平顺的走线，压上了路肩。虽然在路肩上弹跳了，但他还是成功地追近了前车。

也许费斯切拉没有压路肩的原因是到了该进弯的时候他没有做好准备，也许是他赛车的调校原因。无论怎样，我们都能从这次拼抢中看出走线的作用是非常大的。

距离较长的减速弯

所谓的长间距减速弯，是在两个弯角之间需要加速、减速的弯角组合。如果在其中的第一个弯角跑出极限的话，可能会是下页图中绿车这样的结果：虽然在 B 点时的速度更快，但车辆位置和角度都不对，于是就需要消耗掉更多的速度才能顺利通过随后的第二个弯角。考虑到整圈赛道的圈速，在 B 点时获得准确的位置和角度比尽快通过第一个弯角更为重要。

1）第一个弯角的进弯点可以晚一些、重踩制动尽量减速，保持住走线是最重要的事情。

2）在 A 点和 B 点之间可能不需要用尽路面宽度。走线和控车的重点是让赛车在到达 B 点时获得合适的位置和角度，以便进弯。

组合弯

每个赛道都有组合弯。一般来说这些组合弯就是赛道上难度最高的地方。

铃鹿赛道的连续 S 弯可以视为几个长距离减速弯衔接在了一起。车手可以自己控制每两个弯心之间的走线。在这个组合弯中，车手的节奏和他所选择的进弯点非常关键。

红线所示车手每次进弯都落后一些，但在每次出弯时都能领先一些。这是因为红线所示车手进弯前更早一些就开始减速了，进弯动作也更柔和一些。所以出弯时他赛车的左右摆动和偏离就更小一些，他也就可以为下一个弯的进弯做出更好的准备了。

↗ 2005年铃鹿赛道的日本大奖赛中，基米·莱科宁和吉安卡洛·费斯切拉拼抢进弯

第3章 争取做到更好
Striving for perfection

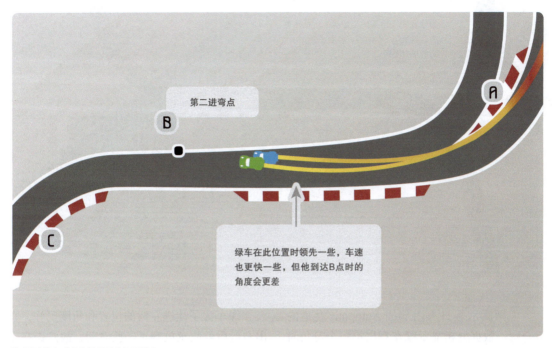

↗ 通过整个减速弯的用时会多于蓝车

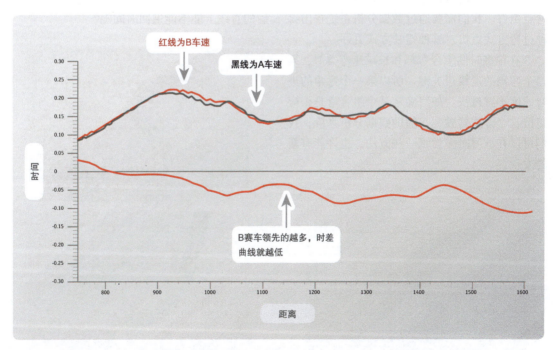

↗ 这是铃鹿赛道的数据。B车手进弯前更早就开始减速了，进弯速度也不快，所以在出第一个弯时能走出更小的转弯半径来，这样一来，他就可以为第二个弯做更好的准备了。进第一个弯前稍微损失一些时间，出第二个弯时再赢得更多的时间

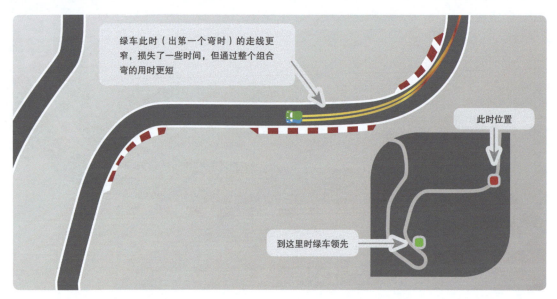

↗ 日本Autopolis赛道上的组合弯

上图所示是日本南部的 Autopolis 赛道的组合弯。数据分析显示绿车在出第一个弯角时没有用尽路面宽度，损失了时间。但通过整个组合弯的用时却比蓝车更短。每个组合弯都是不同的，不一定哪种走线更快，不一定哪个进弯点更好。我们需要通过数据分析系统找出哪种过弯方式更快、哪种驾驶方式更好。

在很多时候组合弯都和长减速弯类似：第二个弯角的走线很关键，所以第一个弯角的进弯速度不宜过快。如何确定某个组合弯是否应该按这个方式驾驶呢？借助数据分析系统，我们可以在练习时多尝试一些方法，也许能有新的发现。

绿车为了让进左弯的位置和角度更好，在出右弯后就故意放弃了一些时间，故意走在了赛道的右侧。蓝车过右弯时车速更快一些，出右弯后也没有故意贴近赛道右侧。在两个弯角之间，蓝车超过了绿车。绿车在这个组合弯之后的直线上能不能追回时间呢？

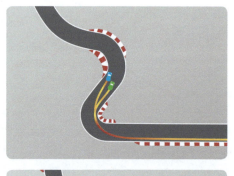

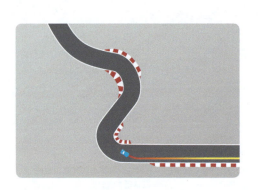

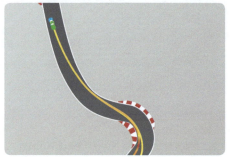

↗ 这是富士赛道的邓禄普弯。两车以同样的车速从同样的进弯点开始进弯

第3章 争取做到更好
Striving for perfection

通过分析数据我们发现：绿车确实在这个组合弯之后的直线上比蓝车更快，也确实追回了很多时间。但在接近下一个弯角时依然处于落后位置。**这是因为这个左弯的半径足够大，绿车更好的进弯角度并没有体现出太大的优势。**

译者注：如果这个组合弯之后的直线距离足够长的话，绿车是可以追上且有可能超越蓝车的。在计划决策中，赛道形状、走线半径、行驶距离、赛车动力等诸多因素究竟孰轻孰重呢？数据分析的价值正体现在这些难以主观量化的事情上。

起伏弯

在很多赛道里都会有起伏的地势，有时甚至是在弯中出现较大幅度的起伏。在面对这种起伏时，要明白这些起伏会如何影响到赛车。有些车手认为上坡时车尾的载荷会增加，但事实并非如此。上坡时车头有向路面压迫的趋势，因此前轮胎的载荷会偏高一些，赛车也会更趋势于转向过度一些。下坡时情况与此相反。

在铃鹿赛道上，邓禄普弯之前的Gyaku弯就是个非常有名的下坡右弯。当你在弯中刚要开始加速时，路面突然就变成下坡了，而且路面还带有一些内高外低的横向坡度。

我在日本赛车14年了，每辆车在这个弯角都是转向不足的。为了在随后的邓禄普左弯能有最佳的出弯走线和速度，在这个Gyaku右弯之后我不得不让赛车保持在赛道右侧。我每次都十分谨慎，就怕在这里出现转向不足。此处还有一点很重要，就是在邓禄普弯的进口处，路面由下坡变为上坡。此处的很多事故都是因为赛车在这里突然遇到上坡时出现了转向过度。

为了解决这个问题，你可以在进Gyaku弯前就开始将注意力放在控制走线和赛车的状态上了，最好也提醒自己：做好应对突发转向过度的准备。

↗ 在日本铃鹿赛道，车手正在进下坡弯

极限驾驶
Driving on the edge

心理训练

在练习时问自己两个问题：我是不是在沿着计划的走线在驾驶；我有没有把轮胎的附着力完全发挥出来。

如果你的答案是没有，那问题就是：你知道应该怎样做，却做不到。

在紧张的赛道驾驶中我们的大脑需要处理许多临时发生的事情，也经常会忘记或忽视一些重要的信息。如何能记住每个弯的走线和进弯前赛车所需的状态呢？这就要经过大量的练习来养成条件反射了。上赛道实际驾驶之前可以在大脑中想象你驾驶赛车沿着你已计划好的走线驾驶的过程。想象练习的次数多了，这个走线就成为了你的本能。当你实际驾驶时，你会发现自己的走线变得更好了。

我认为这种想象在比赛的几天里是非常有用的。建议在你睡觉前和起床后都闭着眼睛想象在赛道上驾驶的过程。做想象练习时要把赛道分成一个个单独的弯角。再把每一个弯角分成制动、进弯和出弯等几个阶段。

和很多车手一样，当我刚开始想象驾驶的过程时，大脑里的画面感并不是特别清晰，也不是特别流畅。如果是这样的话，可以把注意力集中在弯角本身和你之前记住的参照物上，多次练习后就会变得越来越好。

从进弯前开始想象：要如何通过这个弯角？合适的制动点在哪里？需要降到哪个档位？进弯及弯中的速度是多少？在弯心时车头指向哪里？把注意力集中在这些细节上，你考虑的东西就越来越全面。每一个弯都用这种方法仔细想好，然后再把这些弯角连接起来，在真正去赛道练车前，最好能把一整圈里所有的操作和感受都在大脑中准备好。

如果你不确定某个弯角应该怎样过，不确定自己的计划是否合理，就要在赛道上实践一下了。可以尝试几种不同的过弯方式，再与之前自己计划的过弯方式做对比。找到了适合自己的过弯方式后就记住它，并通过多次想象练习，强化自己对正确方式的记忆和对赛道上各种要素的熟悉度。

对于一些难度较大的弯角，比如由数个弯角组成的长距离组合弯，可能自己难以提前做出还算可以的计划。在遇到这种问题时可以对照其他车手的录像或数据记录来设计自己的走线、控车和在每个关键时刻所需的赛车状态。多和熟悉这个赛道的车手交流请教，你也会有意外收获的。

赛前或在无法前往赛道实际练车的时候，模拟器训练可以帮你高效地熟悉并记住这条赛道，也能在一定程度上帮你验证自己计划的过弯方式是否可行

肌肉记忆

研究表明，养成一个肌肉记忆需要 21 天的时间。作为车手，我们需要在这 21 天及以后的时间里进行大量的练习。一旦养成了良好的肌肉记忆，即使很久一段时间不在这条赛道上练习，最多也只是反应变慢了，你的肌肉记

第3章　争取做到更好
Striving for perfection

忆依然非常准确流畅。

在我刚开始赛车时，我手脚的动作还没有达到自动快速反应的程度，我就需要把注意力放在所有的操作细节上，比如制动、降档、发动机转速等，这样就浪费了很多的精力。在这些都养成了肌肉记忆之后，比赛时我就不需要再把精力花费在这些基础操作和走线上了。我也有更多的精力和注意力去关注那些以前没有关注过的事情上，如攻防策略、轮胎状态、燃料管理等。此后，我就可以开始尝试新的走线和控车技巧了。

舒适感

赛车使人上瘾。当你的驾驶技巧趋向成熟，操作也越来越流畅熟练时，可能你在驾驶过程中就会达到一种并不过分紧张的状态。在这种状态下，驾驶将变成一种非常快乐的体验。在这种状态下，你大脑的反应将会非常快，也可以处理更多的信息。这种状态很难达到，所以也就成为了很多车手所追求的境界。一旦达到这种状态，你会觉得自己就是赛车的一部分，在每个弯角都得心应手。此时你会把所有的注意力都集中在赛车当前的状态上，其他的事情也就不会再过多耗费你的精力和体力了。很多顶级车手都这样说过："只有那一刻，才感觉自己是活着的。"

精神压力

我和很多车手一样，在平时练习时总是能够把潜力发挥出来，跑出不错的圈速，但在正式比赛时却无法做出这样的圈速。赛车和很多其他运动一样，压力会影响人的发挥。

临近比赛了，我们开始会自我怀疑，担心自己在比赛中会出现失误。这种自我怀疑会让我们感到压力和焦虑，情绪越来越消极，严重的时候还会造成手脚颤抖，对操作赛车造成影响。

紧张的情绪或急躁的心态都必然会影响你在比赛时的发挥。只有当你冷静的时候，才有机会把你的水平发挥到极致。所以赛前不要考虑输赢，把注意力集中在当下，只看眼前的情景，只想现在的事，这样就更容易冷静下来。

比赛时你要考虑的只是如何把赛车的性能发挥到极致，不必时刻考虑该如何调校赛车，也不必时刻向车队汇报情况。冷静下来以后，你在比赛中的发挥应该比试车时更好一些。

有些车队会在赛前给车手安排一些工作，让车手忙碌起来，没有时间紧张。这确实是一种缓解紧张情绪的办法，但也会让车手额外耗费一些体力和精力，所以我不喜欢这种方法。我认为自信是解决赛前紧张问题的最好方法。

↗ 如果过于沉迷于这种舒适状态的话，也可能会出现一些问题，所以当我们意识到自己处于这种舒适状态时，要主动提醒自己小心谨慎

极限驾驶
Driving on the edge

↙ 不要过分沉溺于赛前气氛中

体力消耗

封闭的赛车内温度很高，再穿上赛车服戴上头盔，身体水分的流失会让你的肌肉变得不够灵活。这时你的一部分注意力就会不由自主地转移到你自己的身体上，从而忽视了赛道、赛车和周围其他赛车的一些信息。

在各种比赛中都会遇到精神压力问题。我的妻子是一名职业的网球选手，所以我们经常讨论这些话题。一天，我们讨论到了网球比赛中常见的体力消耗问题。我说在那种状态下，我会感到非常难受，我能想到的只是"我要喝水"，我很难把注意力再放在比赛上了。

她告诉我有一个很简单的办法可以解决这个问题，那就是比正常状态下更集中一些注意力。这说起来轻巧，做起来却非常难。

每年都有车手因为难以忍受马来西亚的高温而精疲力竭或因精疲力竭而出现失误。我也曾因无法集中注意力而冲出过赛道，也曾在快要放弃比赛的时候再拼尽全力坚持一下。

在几个月后马来西亚的比赛中，离结束还剩10圈时，我也感觉到了精疲力竭，还很口渴。"现在正是要集中全部注意力的时刻"，她的话在我脑海中出现了。这句话使我很快地又振奋起来了，把注意力从忍受身体与精神的痛苦上转移到了比赛上。经历了这件事之后，我明白了精神力量的重要性。

寻找到合适的制动点，专注于弯心，尝试合适的出弯点，将注意力集中在驾驶本身上，我就不再去关注后视镜里的其他车手了，也不去想比赛还剩多少圈了，甚至于我可以忘记疲劳和脱水的问题。

↗ 赛前过多的体力活动会让你的注意力减退

第3章 争取做到更好
Striving for perfection

勒芒24小时耐力赛考验了车手身体和心理的极限

04

第4章　参赛策略

4.1 比赛要点

4.2 紧急情况及事故

4.3 雨中驾驶

4.4 轮胎管理

4.5 燃料管理

极限驾驶
Driving on the edge

比赛要点

之前讲过的各种技巧都很重要，但自己独自在赛道上做圈速和被其他的赛车包围着过弯还是有很大区别的。想要成为一名真正的车手，你还要学习在激烈竞争环境下的驾驶技巧。

发车

常见的发车方式分为动态发车和静态发车。

动态发车是所有赛车先正常进入赛道驾驶一圈，一圈之后安全车脱离赛道，所有赛车不停车直接开始加速起跑，比赛正式开始计时。在这种发车方式中车手不会太紧张，也更安全一些。但如果想在刚发车时就超车的话，难度不小。

动态发车常有两种方式：驶过计时线之后才可以超车；当绿灯亮起时就可以超车了。

如果规则是通过了计时线之后才可以超车，你就要把注意力集中在你前方的那辆赛车上。刚一通过计时线就尽快找到机会发起超越。如果前方的车手意识到了你有可能一过计时线就发起超越，也许他会在到达计时线前踩一下制动。前方的车手肯定不想真的减速，他踩制动只是在迫使你真的减速。这种情况是很常见的，没有办法，在通过计时线之前你要时刻准备好踩制动，同时也要准备好踩加速踏板。如果在刚通过计时线后没有合适的机会发起超越的话，你的超车机会就是随后的第一个弯角了。此时你的首要目标是不被后方车手超越，也不要被其他车手挤在车群中间混战一团。

静态发车起跑前是左脚一直踩住制动，同时右脚踩下一部分加速踏板来保持发动机转速。为了增加轮胎的附着力，为了起跑时能更深地踩下加速踏板，进入发车位准备时最好使用暖胎毯来预热并控制轮胎温度。

无法准确地知道发车的信号灯什么时候亮起或变绿，但你可以自己预测，并根据你猜测的时间"提前"踩下加速踏板。如果预测的时间很准，那你就会有一个非常完美的起步，而

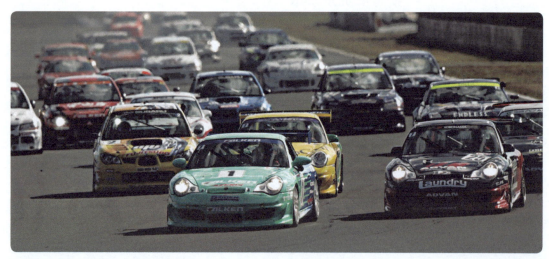

↗ 动态发车刚允许超越时，往往车群会很混乱

第4章　参赛策略
Competition knowledge

↗ 静态发车时的超车机会很多

且很有可能在起步时就完成一次超越。如果预测不准，当你踩下制动踏板再次准备时，可能信号灯就亮了，你就错过最佳的起跑时机了。踩下制动踏板重新准备的时间很短，而且一旦信号灯亮起，马上就可以踩下加速踏板起跑了。所以总体来说，这种猜测并"提前"松制动踏板并踩加速踏板的方式虽然有风险，但也是值得冒险的。

在使用这种战术时，车手面临的压力非常大。一方面是自己的赌博心理，一方面是可能会被裁判组判定违规抢跑，还有一方面是如果前方的赛车起跑慢了，很可能你会撞上去。所以在使用这种战术时，保持冷静和绝对的专注力是非常必要的。

红灯亮之前你会有一个5s的提示牌，这时就可以挂入1档了。如果不想这么早就挂档，你可以通过后视镜看发车区后方拿着绿旗子的人。这个人是去确认最后一辆赛车是否已准备好了，当你看到这个人时就可以挂入1档了，然后就开始寻找离合器的接合点。如果你的赛车有驻车制动，这时的驻车制动应该是拉起来的。

起跑时快速准确地找到离合器的接合点极其重要。在5s指示的过程中，你可以稍微抬一些离合器踏板，让赛车微微前进1cm。在不被判定为抢跑的前提下确认好离合器的接合点。然后再踩一些离合器踏板，并带着一点油门让发动机转速保持在最高转速的一半左右。把注意力集中在信号灯上，随时准备好起跑。

一旦红色的信号灯熄灭，你的脚需要马上有两个动作：把离合器踏板迅速抬起，并把加速踏板踩到底。如果有驻车制动的话，这时迅速把驻车制动松开。这种操作的优势在于：你起步的瞬间发动机的转速是上升的。这样就可以利用惯性稍微减少一些动力延迟了。

静态起跑的另一个关键点是要控制好踏板，不要让轮胎的打滑率过大。轮胎严重打滑的原因可能是加速踏板踩得太深了、轮胎附着力不足了或1档的传动比太大了。如果你的赛车有这些问题，那你就不能在起跑时使用全油门了。精确地控制好起跑时的加速踏板并不简单。你需要不断调整待起跑时加速踏板的预备深度和刚一起跑时的踩踏深度，同时还要控制好离合器。在起跑这一过程中，发动机动力的延迟也是个必须要考虑的因素。

译者注：打滑率描述的是轮胎有效半径上的线速度和实际车速之间的关系。轮胎有效半径上的线速度比车速稍快一点（适度打滑）时，轮胎的纵向附着力会达到最大值。

在日常驾驶等信号灯时我们就可以练习脚下的控制。可以尝试用2档起步。先保持发动机转速稳定，控制离合器踏板，让车辆稍微前进一些，当车子稍微有了些速度后再逐渐松开离合器踏板。在这个过程中离合器有一些滑动是正常的，发动机转速应该是持续上升的。如果转速下降了，就稍微踩下一些离合器踏板，让离合器再滑动起来。要提醒你的是，过于频繁地这样操作会损坏离合器。

首个弯角

发车后的第一个弯角非常危险，原因如下：

1）所有赛车之间的距离都很近。

2）所有车手的注意力都集中在前方，都没有足够的时间看后视镜或注意到附近的赛车。处于中间位置发车的车手更是如此。

3）每个车手的进弯走线都不准确，能安全进弯的速度都比只有自己一辆车单独过弯时要低很多。

4）每辆赛车都会影响到后方赛车的走线和制动点。

5）有车手认为混乱的首弯是超车的好机会，想冒险超车。

如果你能跟住前车且躲过威胁的话，那你就可以在第一个弯角里保持住排位。如果你想发起超越的话，前方车手可能没有意识到你的超越意图，就很容易造成事故了。

多数车手会尽量选择在赛道内侧通过第一

第4章 参赛策略
Competition knowledge

↗ 很多时候我们都能看到车手们在比赛的第一个弯角就发生了事故

个弯角。为了避免碰撞，所有选择了赛道内侧的车手都会提前减速，低速过弯。这就导致了赛道内侧通常会很拥挤，而赛道外侧则留下了很大的可用空间。如果有机会，你可以尝试在赛道外侧进弯。尽可能晚一些再开始减速，寻找机会在**出弯时防守性地回到正常的走线上**。

译者注：出弯时其他车手会从内侧向外侧靠近，在对手靠近时已位于外侧的你只要不主动让出空间，对手就很难有机会"合理阻挡"你的走线。这种"防守性的超车"也比较安全，两名车手都不会处于极端危险且无法挽救的境地。

↗ 外线往往是个好选择

极限驾驶
Driving on the edge

超车

如果你的赛车的速度比对手快很多,超车是相对容易的。但如果你的赛车在动力或速度上并没有非常大的优势呢?这种情况下的超车就有技巧了,也有一定的风险。

在比赛最开始的几圈里最好不要贸然超车。在这几圈里研究前方对手的制动点和走线,找出他做得不好的地方。在跟随观察对手的过程中,注意不要让对手意识到他在某一个弯角比你慢很多。否则下一圈他就会在此阻挡你,就可能发生碰撞。

如果对手在某个弯角的制动点过早,再次接近那个弯角时,就找机会从外侧超过他,动作要突然且迅速。超车过程中要观察对手的制动时机来确保你自己不会错过制动点。要注意的是,有些顶级车手在防守时会故意晚制动,误导你也晚制动,导致你的赛车偏离走线。这样他们就可以轻松地在出弯时再超过你了。

如果在弯角中发现对手的走线没有紧贴内侧,这说明他正在为下一个弯做准备。这时内侧可能会是个超车机会。

还有一种常用的超车方式是紧跟前方对手,给他施加精神压力,诱导他犯错误。当你紧跟他的车尾时,可以用车灯干扰他的注意力。在直线段时,尽量让自己保持在他的视野盲区里。看不见你在哪里时,对手的压力会很大。

如果对手恶意阻挡你,一定要保持冷静。

◤ 在富士赛道回头弯中的一次成功超车

◣ 铃鹿赛道的每个弯角都有名字

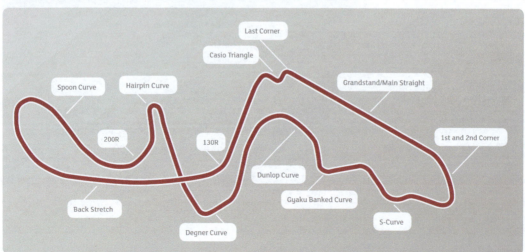

在超车之前,你需要时刻关注与前车的距离,以及前车的过弯速度。铃鹿赛道的 130R 弯就是个例子。这个弯角一般是用最高档位以全油门通过的。对于 F1 赛车来说,最低速度不会低于 300km/h。过了这个弯角之后,减速弯的制动区就是个很好的超车机会。

这里会有两个问题:

1)一般情况下,在 130R 弯之前,由于直道距离太短,你并没有多少机会超车。在 130R 弯前,你会追到距离前车非常近的位置,而又无法在进弯前彻底完成超车。这时你就不得不松开一点加速踏板了,也就会损失一些速度了。

2)如果你不松开加速踏板的话,就会紧贴着前车进弯。这样一来,前车车尾的气流就会对你造成很大影响。可能会造成你的赛车转向过度或转向不足。如果发生这种情况,你就要在弯中松加速踏板减速来控车了。于是,在 130R 弯之后的减速弯里你也不会再有超车的机会了。

所以正确的超车方法是在过 130R 弯前,主动和前车保持一定的距离。这样做的目的是要在不受前车气流影响的情况下以全油门通过 130R 弯。

跟随

跟随前车的时候,如果你的注意力都集中在前车上,你们的制动点和走线就会非常相似。失去了自己的节奏,你的圈速最快也只能和前车一样。

对于这个问题,你可以当作前车是不存在的,尽量通过自己对赛道的观察来走线和控车。只需用余光留意着前车,避免碰撞。如果在某个弯角你和前车的距离突然变近了,那这个弯角就是前车的弱点。在下一圈里你就可以提前做好准备并在这个弯角发起超车了。

当你跟前车距离很近时,前车车尾的气流也是要考虑的一个重要因素。跟随前车通过高速弯时,后车前部的下压力会降低。前轮胎的附着力减小了,也就多了些转向不足的趋势。对于下压力设计得很大的前车来说,后方有车近距离追随时,自己车尾的下压力也会减小,也就多了些转向过度的趋势。

在美国的大椭圆赛道里,后车追紧前车行驶时,前车也会受到气流的影响。有些车手会用这种方式迫使前车犯错误,从而达到超越前车的目的。出于对赛车运动的尊重,我认为在这种椭圆赛道里不该采用这种驾驶方式。

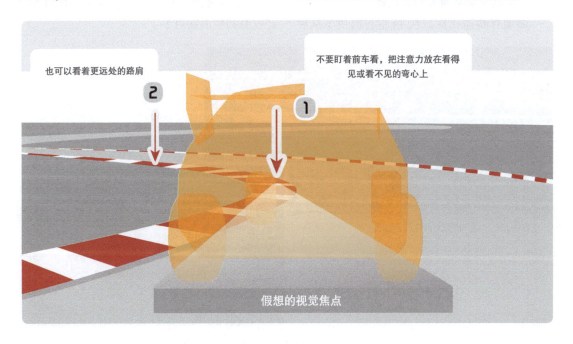

也可以看着更远处的路肩

不要盯着前车看,把注意力放在看得见或看不见的弯心上

假想的视觉焦点

↗ 追紧前车时，后车有了转向不足的趋势

合理防守

为了防止直线上前车多次改变走线导致事故，也为了方便后车超车，FIA 现在的规则是在同一圈的同一段直线上允许前车改变一次走线。所以后方车手不管是保持在走线上还是在内侧都要准备好做一次制动。

我认为在直线上多次阻挡是个没有任何好处的事情，也违背了体育精神。在直线或减速弯中粗鲁地阻挡对方会让对方真的愤怒并做出傻事。结果经常是两人同时退赛。

如果有圈速比你只快 1s 左右的快车从后方接近你，且赛道上有很窄的减速弯能让你成功地阻挡他的话，那就要阻挡他。这样做可以在保持排位的同时也让车队看到你的竞争意识。但阻挡的结果是你和对手都不在正常走线上了，圈速都会变慢，你前方的车手会从中获益。如果坚持阻挡了很多圈的话，你会毁掉后方很多车手的成绩。所以对于比你快得并不多的车手，也可以主动让出一些空间让他超越你。然后你再跟着他全力去追赶更前方的车手。

如果后方追来的车手比你快很多，你完全没有实力在整场比赛或在和他的攻防中取胜的话，那就应该让他超越你。在他和更前方的车手缠斗的过程中也许他们会两败俱伤，所以说让他超越你也是对你有利的。

如果你在弯中被对手从外侧超越了，说明他真的比你快很多。此时就应该接受现实，放弃防守。

出现以下这些情况时你应该努力坚持防守：

1）对方只比你稍微快一点。

2）比赛快要结束时。

3）你已无望追上前方车手了，且后方的车手们正在接近你。

4）你的失误导致后方对手有了进攻你的机会。

5）你和后方车手争夺冠亚军，且后方已经没有其他潜在对手了。

↗ 比赛中经常会有激烈的攻防转换

↙ 不同组别的赛车同时发车时，常会出现混乱局面

直线的末段是最容易超车的地方，所以长直线前的出弯非常关键。不管进弯走线如何、速度如何，都要在弯中将赛车调整好（虽然这样可能会导致弯中大幅度减速），保证尽可能早的全油门出弯。

如果对方在弯中比你快很多，那很可能在之后的直线上也比你快很多。面对这种情况，你就需要在下次进弯前早一些将赛车移至赛道内侧。对方很可能会保持在外侧晚些制动，从外侧超越你。如果是这样，你就可以在内侧尽量晚制动，迫使他改变他已计划好的策略。这样几次之后，对手可能会冲动地尝试从内侧超越你。此时依然要紧贴内侧，目的是阻挡对手的视线，让他看不见路肩，看不见弯心。

在不同组别同时进行的比赛中常会遇到车群。车群中的慢车手会将精力集中在前方，忽视后方。这就是你超越他们的机会。

在车群防守中，早加油的策略依然有效。但前车的减速会让后车来不及准备，出现失误。所以有经验的车手可能会在过弯时故意和前车拉大一些距离，然后再通过早加油的方式超越前车。

近身缠斗

关于撞击的规则，可能每个赛事都不同，很多车手也会感到疑惑。如果是新参加一个赛事的话，最好向别的车手问清楚这个问题。

即使只是反光镜撞在了一起，都可能导致严重事故，所以在单座赛车中很少会出现碰撞。

第一次参加日本房车赛时，我是从末位发车的，但我和杆位车手的圈速一样快。那时我没有研究规则也没有经验，发车后我意识到我比前方的车手快很多，所以在制动区我就发起了超越。我没想过会和对手并排，我的车头挡在了他进弯的位置上。我想对于这种情况，他会让出一些空间，或并排进弯再拼出弯。但实际上所有的对手都没有这样想。他们在我全力制动时就超过了我。于是有一个车手就在我前方进入钟摆了。这次比赛的结果是我导致了十几个车手冲出赛道，我排位第四。

此后我就开始研究规则，我发现在FIA规则中，他们应该给我让出空间。那次比赛的两年之后，日本的规则改变了：发起阻挡的人优先进弯。

现在我正在参加FIA GT1组别的比赛。这个组别的超车规则很模糊，似乎做什么都是可以的，这就导致了很多事故。我认为赛车是一项体育运动，碰撞就有很大的退赛风险，所以我不喜欢碰撞。

↗ 为了观赏性，有些组别鼓励近身混战

↗ 如果进弯时没有足够空间，就很可能发生事故

如果在正常走线上制动时遇到了后方进攻，对手已转向了内侧，就要小心了。不管规则如何，对方很可能无法及时、充分地减速。此时如果你进弯了，就很可能发生碰撞并进入钟摆。即使最后对方被处罚了，对你也没有好处，所以要在内侧给对方留出一些超车空间。你可以尝试在出弯时再反超他。

如果你进入钟摆状态了，要找自己的原因，不要指责对手。比如，进弯前自己有机会封锁住内线，却没有封锁住。

如果发现前边的赛车向你接近，不管是在直线上还是进弯时都要主动避免碰撞，尽量减速或主动驶入草地。否则可能会受到处罚或因碰撞退赛。

↗ 给对手让出的空间只需能让他通过即可

如果在直线上被对手向外侧逼迫,建议你主动远离对手。他这是在迫使你松开加速踏板并放弃竞争。面对这种情况,你可以在他后边近距离跟随。多数情况下,他会意识到你已达到忍耐力的极限并且准备好了激烈缠斗和碰撞。可能他会考虑到风险,主动放弃对你的压制。如果出现了突发情况,你准备好的这半米的距离也够你小幅度救车的。即使真的碰撞了,他的损伤很可能会比你大很多。

可能发生碰撞时,要想清楚比赛进程、排位等因素,看看是否有必要冒险和对手缠斗。

紧急情况及事故

作为车手,我们必须在乎成绩,但也要考虑风险。在出现了操作失误、判断失误或车辆故障等问题时,撞击在所难免。赛车撞击时的G值很大,撞击和之后的事情也不会有很好的结果。撞击时多数人的反应是用手臂在前方保护头或胸。这种本能的反应并不好。在撞击时,我们很难控制住自己的手臂,手臂会自由摆动,受到严重伤害。

在即将发生不可避免的撞击时要怎么做呢?对此我提出一些曾经救过我命的方法。

首先我们假设在直线的末段制动失效了。发现制动失效后,就应该立即进入救车模式。这时要尽量减小赛车撞击的力度和撞击角度。制动片有可能已被制动盘弹开了,也许当你再次踩制动踏板时制动系统就会恢复正常。同时也可以尝试降低档位,用发动机制动的方式减速。钟摆可以让赛车大幅度减速,所以你可以向弯角方向转向并利用降档的方式主动进入钟摆。如果赛车在冲出赛道前出现滑移了,不一定是好事。滑移可以让赛车大幅度减速,但可能让赛车在压到草地时发生翻滚。

摩擦围墙可以让赛车减速,也可以减少翻滚的可能性。所以在撞击前尽量接触围墙并和围墙保持长时间摩擦也是减少伤害的一种方式。

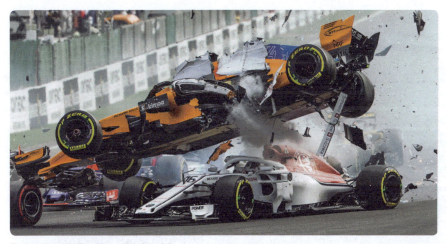

↗ 出现操作失误等问题时,撞击在所难免

极限驾驶
Driving on the edge

↗ 近年赛车对车手的保护越来越好了

做好了撞击前的准备也不一定就能保证车手的安全。塞纳在发生事故前,已经踩了数次制动踏板,也降低了两个档位,也将赛车角度调整好了。但缓冲区太小了,撞击围墙的结果无法避免。

在撞击前一刻做个深呼吸。左脚用力踩着离合器踏板,右脚用力踩着制动踏板,肩部用力压在座椅上。手用力压在方向盘上,手指应全部放在方向盘外侧。绷紧全身肌肉,特别要绷紧脖子。虽然没有科学依据,但我在很多次撞击时都是使用了这个方法。我认为这样比让身体放松更好。

近年流行的 HANS 系统对颈部的保护很有效。

只有优秀的驾驶技术还不能让你成为一名优秀的车手。除了驾驶技术和冷静的头脑外,你还需要有关于失败、钟摆和冲出赛道等很多情况的经验才能真正赢得比赛。

2008 年铃鹿赛道 1000km 耐力赛上,我是杆位发车。赛前 8min 的试车时间里,轮胎还没有达到正常温度我就想试试极限。我在 1 号弯进入钟摆了。当时我在想:是随着它甩起来还是反转方向盘救车呢?反转方向盘救钟摆的话我会以 6 档的车速冲向草地。不救钟摆的话我的轮胎损耗会非常大,比赛也不可能赢了。于是我就反转方向盘并以 200km/h 的速度冲向草地。现在想起这件事来,我感觉当时我的大脑十分清醒,也非常迅速地就做出了决策。我在草地上全力制动并降档了,但车速并没有下降太多。在接近围墙时我决定用赛车的侧面撞击围墙,以便减少一些伤害。在 2 档的时候我利用动力做出了完美的 90° 转向。

即使撞击已经无法避免了,也不要放弃努力。如果当时我没有努力救车减少损害的话,那就是我最后一次开赛车了。如果当时我想的是车队对我的看法,也不能像这样成功地救车了。

↙ 既然是赛车,就要做好应对事故的准备

第4章　参赛策略
Competition knowledge

↗ 再优秀的车手也有冲出赛道的时候

雨中驾驶

　　如果有车手说他喜欢雨战，可能是因为他的赛车动力不够，雨战可以缩小他和对手的差距。轮胎附着力差，用到全油门的机会不多，所以在湿地上并不需要高的功率和硬的悬架。湿地驾驶需要的是更早的制动点、更晚的加油点以及更柔和的加速。湿地驾驶还需要车手有

↗ 雨中驾驶对每个车手来说都是挑战

更敏感的身体，能及时准确地感受到轮胎的打滑或滑移，并做出修正。如果你在湿地上的成绩不错，那你在干地时的表现会更好。

在雨中比赛时，制动力分配要向后轮多调一些，以防止前轮抱死。赛车的静态重心也可以向后移一些。

湿地走线

有卡丁车基础的人都知道：在湿地上不能用常规走线，**常规走线上会有许多橡胶粒**，这些橡胶粒在水中会变得非常滑。

译者注：在弯前制动区和弯中，常会留有之前干地训练比赛时从轮胎上磨下及（或）熔下的细小颗粒，也可能会有从轮胎上脱落的较大的橡胶条。

在雨中比赛时，我建议你考虑一下外 - 外 - 外的过弯走线：

1）进弯时走赛道的外侧，以避开橡胶粒。

2）弯中保持在外侧，避开橡胶粒。

3）出弯时要以直线行驶的状态穿过分布有大量橡胶粒的干地走线区域。

如果弯中的附着力还可以，那就考虑用图中黄色的走线。黄色走线允许更早就开始加速出弯。如果弯中的附着力很差，那就考虑以图中橙色走线，在赛道外侧多保持一段距离再出弯。

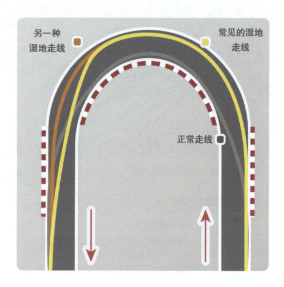

橙色走线所需驶过的距离更长，黄色走线所允许的弯中最低速度更低。具体用哪种走线就要靠你的实际感受和经验了。从 F1 铃鹿站的雨战来看，二者的结果差不多。

要通过地面情况、轮胎、雨量、弯角形状等因素确定是否使用湿地走线，同时还要确定当时橡胶粒区的附着力是否真的小于赛道外

↗ 在寻找走线的时候可能会出现失误

侧。如果赛道外侧清扫得不好,积水中的沙土会让附着力更差,可能还不如有橡胶粒的区域好。到底要走哪条走线呢?人脑不是电脑,谁也无法分析这么多数据。也许尝试是找到答案的好方法。可以先在正常的干地走线上低速试一次,再把单侧轮胎放在正常走线外侧试,一米一米地试。如果你感觉到外侧走线的附着力确实更好了,就用外侧走线过弯。对于减速弯或某些宽度小的弯角来说,可能没有备选的走线,那就只能低速通过了。

曾经有一次,在一个180°长距离弯角里外侧的路线附着力并不好,于是我就尝试了在内侧过弯。当时两个内侧轮胎很难找到积水少些的区域,两个外侧轮胎还位于两个橡胶粒区域之间,但最后还是比外侧的路线更快。总之,在湿地中不要沿着橡胶粒区走线,主动去找新的走线往往会有所收获。

试车和练习时不要轻易用自己的这条新走线,否则别人看到了就可以模仿你的走线了。从另一方面来说就是,你要沿着最快车手的走线驾驶。本地车手对赛道都非常熟悉,往往他们就是你要学习的人。

大雨

塞纳等一些车手在大雨中的表现远比其他车手好。一方面是因为他们的驾驶技术,另一方面是因为他们的勇气。

如果看不清路面上的积水,我们就不知道在哪里可以全力加速。前车激起的水雾也会让你无法看到远处的物体,甚至无法看清前车。所以在进弯前你可以适当减速,和前车拉大距离,看看路面和弯中的情况再进弯。

视线不好时谁也无能为力。在1989年的一场雨战中,塞纳在进弯后才发现前方的赛车,并以很大的速度差撞击了前车。我在F3比赛里也有类似的经历,有一次是从低速弯出来后撞到了正在钟摆的前车。

对于雨战来说,发车后能在第一个弯出弯时领先的人更容易赢得比赛。这是因为谁也无法跟紧前车,追近前车时后方车手的视线会变

↗ 雨中驾驶时视线会很差

差，也就会很自然地拉大距离了。每个人都想完赛，都不想冒险，所以整场比赛中也就没有多少攻防。

在一次 F3000 铃鹿赛道的雨战中，我在第 5 位发车。发车后很快我就追上了从杆位发车的队友。我要拿到第一个 F3000 的冠军，我不想被队友一直压制到比赛结束。那时候我想到了超越队友的方法。为了弥补一些雨中视线上的损失，我将注意力放在了那些我已记住的参照物上。这种用参照物替代前方视野的方法很有效，我追上了队友。当我追近并感受到队友赛车激起的水花时，视线一下子就变得非常差了，我不得不减速。隐藏在队友后方驾驶了 3 圈，他都没有发现我。当我再次追上队友时，我想超车。但我发现，赛道上只有他走的线附着力还可以，其他走线的附着力都很差。我无法从其他走线上超过他。最终，由于近距离跟车太久了，我赛车上的电子系统因为泡水而出故障了，只得退赛。

前辈车手告诉我，雨中看不到距离牌时，可以在直线上数秒，出弯后开始数，数到某个数字时就是制动点了。对于这个方法我持谨慎态度。雨战中看不到黄旗、红旗，也看不到出了问题的赛车。真的值得这样冒险吗？现在再看当时的录像，我想我不会再那样紧追队友的赛车了。放弃一秒钟，也许就能少受一次伤。

↗ 雨中的F1赛车排成了一队

轮胎管理

轮胎是赛车和地面唯一的接触面。想要做出更好圈速的话，一套软轮胎远比一天的认真调校更有效果。

我参与一些制造商的轮胎研发工作已经12年了。现在在轮胎方面依然有很多我们没有搞清楚的事情。现在的轮胎也还有很大潜力待开发。在参与测试的过程中，我学到了如何确定橡胶的配方、如何设计轮胎的结构，也学会了如何在比赛中让轮胎的磨损尽量小一些。

轮胎对温度非常敏感。很多人通过摆动车尾、打滑前轮的方式暖胎。我不建议这样进行暖胎，这样做只是胎面温度上升了，胎体温度上升并不多，而且还会造成胎面损伤。

排位赛中的轮胎管理

刚离开赛道维修区（俗称"P房"）后的一段时间里，后轮胎会比较滑，要柔和地控制加速踏板和转向，避免过大的打滑率或滑移角。在直线上高速行驶、大力制动，以提高胎内温度。一般来说，一圈之后就可以在过中高速弯时让轮胎逐渐接近极限了，但此时依然不能滑胎。如果只有一个暖胎圈的话，可以一开始就用到轮胎性能的70%，在最后两个弯角用到轮胎性能的90%。

暖胎圈结束后，如果你在正式开始比赛后的第一个弯就转向不足了，说明轮胎还没准备好，建议你先不要急于跑到极限状态。如果在轮胎温度不够的情况下做极限的话，前两三个弯会损失很多时间。还有重要的一点就是，此时的制动温度可能也没有达到正常工作区间，可能会导致你所选用的制动点的可用制动距离也不够。

如果这一圈的前一两个弯角已经发挥得不好了，就不要在后边的几个弯角里做极限了。放弃这一圈，保护好轮胎，下一圈再开始做圈速。

冬季的暖胎过程可能需要五六圈，要有耐心。

正赛中的轮胎管理

避免长时间处于滑移角过大的状态以及柔和地加速都可以减少轮胎的损耗。在内线制动阻挡后方对手时、弯中控车或救车时，都会加大轮胎的磨损并使胎面温度过高。

保护好轮胎，你才有机会完成整场比赛。过热对轮胎的损伤是永久的，柔和地驾驶一段时间可以让轮胎温度恢复正常。因此，让快车超过自己也是保护轮胎的一种方式。

轮胎的细节问题

胎壁软会导致车手感受到的路面接触感差，高载荷下胎壁软的轮胎就像弹簧一样。用这种轮胎跑排位赛时，可以稍微让轮胎过载一些，让轮胎的接地面积尽量大一些，以便获得更好的附着力，做出最快单圈。胎壁的变形会让胎温上升，胎压增大，轮胎刚性增大，弯中的载荷转移增大，四轮总体附着力减小。所以这种轮胎不适合长时间过载，不适合正赛。

轮胎过多的滑动会导致：温度上升→胎压上升→接地面积减小→滑动加大。这时就需要柔和驾驶一段时间，尽快让轮胎冷却下来，这样才能让赛车的动态特性尽量恢复正常。

胎壁刚性大的轮胎可以提供更多路面反馈,但在接近极限的过程中,预警就比较少。如果出现滑移了,那很快就要出现钟摆了。

附着力要区分方向。有些轮胎横向附着力好,可以更快地过弯;有些轮胎纵向附着力好,可以更晚地制动。

通过观察轮胎的摩擦面,可以看出很多问题。

↗ 轮胎管理是比赛中重要的一项工作

↗ 对待轮胎一定要认真

↗ 新轮胎

↗ 完全磨损完的轮胎，可以看见内层的孔洞，轻微的纹理是高温且粗糙的地面导致的

↗ 跑完排位赛的轮胎应该是这样的

↗ 中等纹理是长距离行驶导致的

↗ 正常使用、寿命已尽的轮胎，边缘不规则的橡胶堆积是因为胎面橡胶软化后向外侧迁移导致的

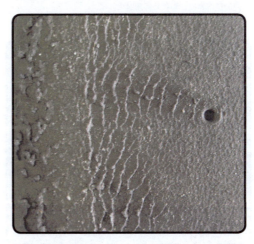

↗ 犁形纹理是因为胎料太软了。这种纹理一般都是从测孔开始延伸的

极限驾驶
Driving on the edge

↗ 形成粗大的纹理的原因有两个:胎料相对地面来说太软了,而且还经历过粗暴驾驶;达到正常温度前就过载了。纹理的方向就是轮胎滑动的方向

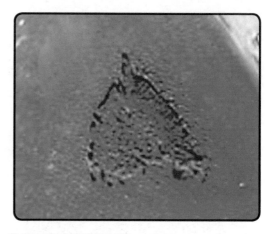

↗ 软胎超温后局部的橡胶降解

↗ 内侧过度磨损说明负外倾角过大

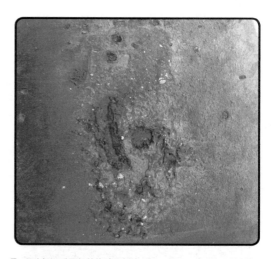

↗ 硬胎超温后局部的橡胶降解

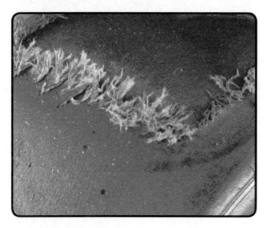

↗ 长时间抱死导致胎面分层脱落

↗ 从地面粘起的橡胶粒可以反映出悬架数据。胎面冷、热分界处才会粘起胶粒。理想情况下粘胶应该出现在摩擦面外侧1/4处

第4章　参赛策略
Competition knowledge

燃料管理

在耐力赛中，燃料管理是车队和车手非常重要的一项工作。在1000km或24小时比赛的过程中车队会告诉车手当前的燃料剩余情况。工程师能看出几名车手在燃料消耗上的区别，但他们不会告诉你该如何改进。

在需要降低燃料消耗率的时候，我使用右脚制动的方式，保持尽可能高的弯中最低速度，还有少用跟趾、进弯少制动、出弯晚加油、直线少加油。所以在写这本书的8年前，我创造出了最低燃料消耗率的记录。

进弯时制动越多，出弯时的加油就要越多越早。使用左脚制动可以在过弯时用右脚踩加速踏板来控制赛车的俯仰，但也必然会有制动踏板和加速踏板同时踩下，互相重叠的时段。

如果你的燃料消耗过高，可以试着以更高的速度滑行进弯。在直线末段的制动点前可以提早松些加速踏板。如果后轮不容易抱死，就可以不用跟趾。有些赛车上的节省燃料模式也可以节省燃料消耗，但同时动力会变弱。

车队都希望你按节省燃料的方式驾驶，但当你主动问车队经理能否按节省燃料的方式驾驶一圈时，回答通常是否定的。燃料消耗对于车队来说，主要是影响进站加注时所需的时间。但如果为了减少燃料消耗而故意调慢圈速的话，会损失更多时间，得不偿失。

节省燃料和提高圈速是对立的吗？2008年勒芒冠军车手汤姆·克里斯滕森（Tom Kristensen）的表现就是答案。

↗ 在耐力赛中，每次所要加注的燃料量至关重要

05

第5章　车辆调校

- 5.1 与工程师交流
- 5.2 调校前的准备
- 5.3 亲自调校
- 5.4 把握细节
- 5.5 调校建议
- 5.6 环境因素
- 5.7 减振器阻尼
- 5.8 数据分析

极限驾驶
Driving on the edge

与工程师交流

是否可以对赛车做出成功的调校,很大程度取决于你与赛车工程师之间进行有效沟通的能力,同时也取决于赛车工程师是否可以识别并处理相关的问题。

车手

车手能说出真实的感受,是他取得进步的重要基础。以前我认为车手不清楚赛车的状况是件很羞愧的事,所以为了保住自己的面子和信誉,我欺骗过工程师。而且,如果没有感觉出调校后的赛车和之前有什么不同,我就会担心车队和工程师会不会认为我还没适应赛车。现在我认为虽然这并不容易,但作为车手,我要对工程师完全坦诚。

真实地描述问题是很重要的,没有改善总比在错误的方向上努力更好。否则就可能会让工程师在错误的方向上寻找解决方案了。如果你能感觉到赛车出现了变化,但不能确定是什么原因导致的变化,圈速也没有进步的话,就要向工程师说明"我不知道是否真的更快了"。

如果改动之后的圈速并没有进步,就应该将赛车恢复到之前的状态重新开始。如果赛车的调整不多,我会坦诚地说出我感觉不到调整前后的区别。

↗ 车手与工程师的有效交流是至关重要的

如果缺乏经验或不够诚实导致调校赛车的思路出现了问题那就是"负调校"了。在赛车生涯的几十年里，几乎每次比赛我都看到有些赛车的调校思路不正确。通常这些车手能在周五练习时跑得很快，为了更快一些又进一步调校赛车，但在周末的比赛中反而变慢了。

如果没有数据记录的话，你就只能通过语言来表达重要信息了。要用简单直接的方式让工程师理解你。与工程师沟通的时候要注意，很多工程师是没有驾驶经验的，所以车手就要使用尽可能简单、明确的语言直接说出要点，不要用很复杂的语言去解释。

工程师

一名经验丰富的工程师为一名经验不足的车手调校赛车时可能会遇到麻烦。工程师希望做出尽可能多的改变以提高赛车的性能，但他得到的反馈可能是赛车没有变化或反而变差了。如果按照这些反馈调校的话，车可能会越来越差。所以工程师和车队应该创造出一个良好的气氛，让车手能诚实地说出他们认为赛车没有变化。

作为工程师，即使车手对赛车不够敏感，你也要知道赛车有了什么变化。你需要分析区段用时、尾速和其他很多数据，主动帮车手找到问题。沟通是解决一切问题的关键，保持开放，避免个人主观意见。车手只知道圈速，不知道对手是否使用了新轮胎，也不知道对手的燃料情况，所以你要尽可能多地搜集信息，知道对手赛车的性能如何。

我在日本赛车的日子里，每当我感觉成绩不好返回维修区时，我都会和工程师一起分析数据。通过一起进行数据分析，工程师就不会有太多固执的主观猜测了。

试车的时间并不多，无效沟通的每一分钟都会影响到车手对赛道及赛车的熟悉度。有一次我看到一名F3000车手与工程师之间出现了沟通问题。他没用好路肩，没有出现转向过度或者转向不足的情况。当时这名车手并不熟悉赛道，还需要练习走线，还需要寻找制动点，然而在四五圈的练习后他就被叫回维修区了。回到维修区后，工程师就向他提出了一连串关于赛车动态的问题。他很难在短时间内回答出来，在压力下，他就开始编谎话来让自己摆脱不安的情绪。当时我立刻就去打断了他们的交流，把工程师带到一旁。然后我告诉车手，他只要在他觉得需要调校赛车的时候再回维修区即可。

▲ 与工程师沟通的时候，要尽量简单、准确

在很多职业车队中都可能存在这种情况。工程师只想着调校赛车，没有意识到车手的处境。在车手还没有对赛车的状态有足够了解时就询问，可能无法得到准确的答案。这样调校出来的车也不会有太好的性能。

工程师和车手之间应该是合作的关系。你应该通过简单的数据告诉车手他的走线、控车是否合理。你还要了解车手的驾驶风格，让赛车尽量去适应车手，其中包括了左脚制动和弯中走线等问题。只有了解了这些细节后，你才能帮助车手做出好成绩。

很多人都不愿意对失败的结果负责，车手与工程师之间也存在着相互指责的情况。车手通常会认为工程师没有为他们准备一辆有竞争力的赛车。工程师会认为是车手在比赛中的表现不够好。解决这种事情的好方法就是让双方对结果承担同等的责任。走线错误的责任部分源于工程师,因为工程师本可以从数据中发现这个问题并提醒车手。同样,如果赛车状态不好,车手也是有责任的,因为车手没有将准确的信息传递给工程师。

如果不想和车队一起承担失败的责任的话,你的职业生涯可能会非常短暂。在一次代表日产参加 Super GT 锦标赛时我感受到了大家共同承担责任的氛围。队友的赛车发生了事故,我们退赛了。日产赛事部门负责人对我表示,他对这样的结果非常不满意。我马上回应说,这不是我的问题,因为我还没上场就已经结束了。但他认为我也是车队的一员,并不满意我的说辞。这次经历让我学到了很多。

↗ 要学会承担责任

调校前的准备

根据自己的驾驶习惯设定赛车是提高圈速最简单的手段。一些车手喜欢用转向不足的方式过弯,另外一些车手喜欢用转向过度的方式过弯,这些差异可以用于区分车手的驾驶风格。喜欢转向不足的车手,一定会在进弯时使用较重的制动;喜欢转向过度的车手,则更关心如何提高弯中最低速度。

多数车手不知道他们的赛车应该如何改进,不清楚调校哪些关键的地方可以提高成绩,这种认知能力取决于车手是否拥有有效的经验。好的车手试车几圈后就知道自己是否需要更好的进弯状态、更多的车尾稳定性了,也知道自己赛车的下压力是否过大了。

很多时候,忽视赛车整体的性能,仅针对车手的驾驶风格进行调校是错误的。如何设置特定的调校让赛车在特定的赛道里表现出更好的圈速?这个问题比让赛车去适应车手个人的驾驶风格更重要。

在调校赛车之前,你需要了解足够多的基础信息并找出重点问题。你需要经常查看数据系统,与之前调校下的数据进行对比。可以使用的有效数据越多,你就可以越轻松地发现赛车的问题。

官方计时

每次比赛时,官方公布的计时中包含了一系列内容,通常会有分段计时成绩和最高车速。你要确保在你的计时模块和工程师所记录的数据里,都记录下了每一圈的圈速,还记录下了你的区段计时成绩及最高车速。

第5章 车辆调校
Setting up the car

当你了解到你在哪里出现了问题后,你就更容易解决这个问题了。回到维修区后,你需要和最快的车手比较一下双方的区段成绩,以便获知你在哪个区段损失了时间。如果你在一个长直线上的区段时间不及预期,那么你就知道该提高你的尾速了。

↗ 每次试车后都要查看自己的数据记录

数据分析系统

如果你无法通过官方公布的成绩找出自己的问题,那就要用你自己的数据记录系统了。也可以找来一些其他数据做对比,比如队友或以前的数据。时间紧迫,在一般的比赛中不太容易及时从数据记录中分析出问题,但在F1级别的比赛中,有足够的人手和经验进行数据采集和分析。车手回到维修区时就可以看到对比结果以及其他一些基础数据,这样就知道自己要如何提升了。

如果没有有效的计时统计,车队仅仅是问你的驾驶感受,该怎么办呢?

你比场上的最佳车手落后了两秒多,但你不知道具体是因为什么耽误了时间。无论经验如何,在面对这种情况的时候你都会感觉到挑战性。即使你足够了解赛道及赛车,也了解赛车应该有的极限状态,你还是会感觉到很难找到自己的具体问题是什么。这是因为我们的身体会在非常短的时间内就适应赛车的变化,所以在你完全适应最新的调校之前,要尽量回忆一下有哪些弯角是不如以前了,并将这个信息告知工程师。

如果你对赛道或赛车的了解并不多,那就比较麻烦了。可以这样做,按自己的风格尽量全力跑,记住那些偏离走线或自己感觉不好的弯角,将情况告知工程师。

在日本方程式比赛中,我的前队友理查德·雷昂(Richard Lyons)的故事给我留下了非常深刻的印象。

理查德与来自欧洲的工程师一起合作,开始的时候他在赛道上只做了几圈测试就回到了维修区,想要向工程师说明他对调校的想法。车队领导层并不认可这样的做法,他们认为这样做无法发现真正重要的问题。于是工程师建议他改正他试车的方法,具体做法是,逐渐做快圈速,等出现了问题时再返回维修区,告知工程师在哪里及为什么出现了问题。这些问题包括是否错过了进弯点、是否在弯中突然出现了转向过度、制动是否会抱死等。通过这一类问题,工程师可以更清晰地了解问题并进行处理。随后,理查德用这个方法在两天内就完成了赛车调校的任务,而且他的赛车比以前任何时候都要快。他在整个赛季中都采用了这个方法,并最终获得了2004年日本方程式比赛的冠军。

这个方法只需车手记住在哪里出现了问题,不需要太多描述,所以工程师也就不用判断车手所提供的信息是否准确了。如果你的经验并不是十分丰富,对赛道也并不十分熟悉的话,这个方法非常有效。如果你是一名很有天赋的车手,可以将赛车的极限充分发挥出来还不犯错,那再用这种方法的话,工程师就很难找到调校中的问题了。如果是这样的话,车手可能就需要在测试中将自己的驾驶水平和赛车的性能都发挥到极限，并尝试超过极限了。

赛道的距离很长，我们无法精确控制自己在每一圈中的驾驶操作都高度相似。所以，如何测试赛车上的小调整是否有效就是个比较麻烦的问题了。我们可以用数据分析系统中的对比功能来对比调校前后的区别，也可以对比自己和其他车手的数据。和谁对比不重要，重要的是要将赛道细分为很多区段，分别对比每个区段的差异。

在试车中你想要知道的是刚刚进行的调校是否真的提高了赛车的速度。调校前，通过查看仪表你发现自己在通过1号弯时比对比圈慢了1.5s。调校后，你发现自己在通过1号弯时比对比圈慢了1.3s。那就是通过调校提升了0.2s。即使在有其他车手干扰的情况下试车，这种方法也能判断出在某个区段内自己的变化如何。

↗ 可以用你自己的或你队友的标准圈数据进行对比

亲自调校

可能因为预算不足，也可能因为你目前的工程师没能让你的赛车真正有所提升，有些时候，你可能会处于一种没有工程师可用的境地。

很多车手都经历过这个问题：你想把注意力放在驾驶和比赛上，但赛车却完全没有竞争力。解决问题的方式是优化你调校赛车的方式。在我职业生涯的早期，我不得不离开优秀的工程师，所以在日本 F3000 的比赛中，我开始学习自己调校赛车。

将可用的调校方法写在纸上，并将其贴在维修区里。回到维修区时，工程师将会把这张纸递给我让我做出调校的决定。这样做的作用是，经过一整个比赛日的驾驶后，也许你会忘记某些重要的信息，而这份清单可以帮你快速回忆起有哪些可选的调校手段。这些清单也可以帮助工程师在激烈的排位赛中快速做出决定。

每次返回维修区时，都要确保技师对你轮胎的压力和温度进行检查。发现温度过高时，你必须对其做出调整。车队通常喜欢将轮胎的胎压设定得比较高，这是为了保证赛车的安全。过低的胎压会使轮胎从轮辋上脱落并导致安全事故。如果胎压偏高的话，还比较容易出现滑移和（或）打滑，这会导致轮胎在短时间内快速升温，并失去附着力。

降低轮胎压力时，轮胎和地面之间的摩擦面会变大，但也可能会使轮胎因达不到足够的温度而无法获得足够的附着力。在极限驾驶的过程中，过低的胎压也可能会使得轮胎在轮辋上滑动。

有一次在富士赛道参加日本方程式时，我是排位赛中全场第三快的车手。我与车队讨论应该如何调整赛车的胎压。我希望胎压可以低一些，但是工程师希望可以将胎压调高。赛前我在休息室向我的朋友理查德咨询这个问题。当我回到赛车上时，工程师已经将胎压调高了，但是在我的强烈要求下他们还是重新调整了胎压。队友通常不会考虑你的赛车该如何调校，但理查德的建议还是帮助了我。我第一节的成绩非常好。当我返回维修区之后，车队的工程师给我换了胎压较高的新轮胎。于是，第二节上场之后我就因为轮胎问题落后了几个排位。

当考虑到胎面温度问题时，我们通常会考虑胎面上的三个区域：内侧、中间及外侧。三个区域的温度差异会提示你轮胎倾角的设定是否合理。摩擦面上通常会有 10~20℃ 的差异。如果内侧温度过高，就需要减少倾角来控制轮胎摩擦面的温度。这样就会让你在进弯的时候变得柔和一些，但同时也会让你的制动和加速性能更好。

排位赛中的胎温问题不会太严重，所以可以在排位赛中把外倾角调大一些，以获得更好的弯中附着力。

极限驾驶
Driving on the edge

把握细节

在这部分内容中,我会分享更多的细节。对赛道日玩家来说,这是非常重要的一节。

F1赛车在电脑中已测算了在各种赛道中不同调校的可能性,也算出了最优解。但不幸的是,大多数车手无法享受这种设备带来的便利性,因此我们必须要善于使用自己的大脑。

高下压力赛车通常是带着尾翼的单座赛车、跑车及GT赛车;低下压力赛车通常是一些普通车型,可能带有少量的空气动力学部件。

业余玩家经常问我该如何调校他们的赛车,也经常问我出现转向不足或转向过度时应该做些什么。对于这些问题,其实赛车的调校并非是一成不变的。如果有固定的调校方法,那F1赛车就不会有转向不足、转向过度或平衡性不好的问题了。赛车的调校是个复杂的问题,必须反复测试才能找到相对合理的解决方案。

当你在低速弯中出现进弯转向不足的问题时,你可以把前悬架弹簧更换为更软的。但如果更软的弹簧导致了过分严重的车身晃动的话,情况反而会更糟糕。

在驾驶GT赛车时可以通过车身的晃动来感知赛车的动态,但如果你驾驶的是单座赛车,这种感受就不明显了,你就需要保持开放的心态并反复试车。

了解调校之后赛车有了什么变化也非常重要。举例来说,为了解决转向过度问题,你将前悬架系统调得更硬了,赛车也确实有了改善。在随后的试车中你可能会发现圈速并没有进步,甚至是变得更慢了。这时你可能会认为是轮胎附着力或其他一些因素还不够完善。但真实情况可能是,更硬的弹簧导致了在中低速弯中赛车的转向不足问题更严重了,进而导致圈速并没有达到你的预期。

我们需要让四条轮胎整体的附着力尽量充分地发挥出来,所以优秀的调校应该是让载荷在四个轮胎之间分配得尽量合理,并让轮胎尽量平整地和地面相接触。

具体如何调校赛车没有定律,以下介绍一些基本的调校思路。

弹簧系数

通常,街车会选用渐进弹簧,赛车会选用线性弹簧。**弹簧系数**(也被称为弹簧硬度或弹簧K值)会影响赛车的总体刚性,也控制着赛车的俯仰、侧倾、转向不足或转向过度特性。较软的弹簧能带来更多的俯仰和侧倾;较硬的弹簧在不平整路面上会让轮胎失去附着力。总体来说,越平整的路面,需要的弹簧就越硬。

弹簧预压

通常,赛车只在前轮进行预压。预压会影响到进弯、弯中、出弯三个阶段。在内侧前轮载荷减小的过程中,预压可以提高弹簧系数的效率。由于内侧车轮的抬升,过多的预压会导致循迹制动时内侧车轮更容易抱死,赛车整体的动态也可能由于过快的载荷转移而变得很激进。

防倾杆

防倾杆可以影响到赛车的刚性。相比于弹簧系数来说,调整防倾杆可以更简单有效地调整赛车的**转弯**平衡性。有些赛车会使用电动调节的防倾杆。在驾驶过程中车手可以根据燃料余量、轮胎磨损等情况调整防倾杆。

译者注:原文此处的平衡性主要是指转向不足和(或)转向过度的特性。

减振器

减振器通过高速压缩阻尼及高速回弹阻尼控制着弹簧的运动。判断减振器好坏的方法是查看在一圈驾驶中轮胎和地面接触的总时间。减振器的另一个功能是通过低速压缩阻尼及低速回弹阻尼来控制载荷转移过程中车身的姿态。

译者注：①减振器阻尼的大小只在瞬态中影响到车身姿态变化过程的快慢，不影响稳态时车身的俯仰及侧倾角度；②"高速"是指减振器活塞的运动速度，不是车速；③高速阻尼主要是在颠簸路面上的阻尼特性，如压上路肩时的阻尼特性；④低速阻尼主要是在平整路面上以常规动作驾驶时的阻尼特性，如加速、制动、转向。

缓冲块

缓冲块的作用是限制悬架系统的运动行程。低速弯中需要较软的弹簧来提高轮胎附着力，高速弯和直线中需要较硬的弹簧来保证离地间隙尽可能小。所以缓冲块常被当作第二个弹簧使用。载荷越大，缓冲块的硬度就越大。

外倾角

外倾角的作用主要是在过弯的时候让轮胎尽量保持附着力，其次是影响车头、车尾的响应。前轮外倾角越大，过弯性能就越好，但制动性能会越差，轮胎温度也会越高。

主销倾角

主销倾角通常只在前悬架上使用，其主要功能是让赛车保持直线行驶。过小的主销倾角会使赛车在直线上不够稳定，需要车手不断地修正方向盘来让赛车保持状态。主销倾角还给车手提供着方向盘上的反馈。过小的主销倾角会让车手很难感受到车头的动态，过大的主销倾角会让方向盘变得很沉重，也会让赛车变得很难控制。主销倾角还影响着负外倾角在过弯性能上的作用。

束角

束角用于调整前后轮的特性。前轮负前束越大，进弯初期的性能就越好，但弯中段会出现转向不足。如果你习惯快速地转动方向盘的话，就需要比较小的负前束以获得较好的平衡。后轮正前束越大，在低速弯出弯时后轮胎的附着力就越大。

离地间隙

重心高度越低，所允许的弯中最低速度就越快。对于下压力较大的赛车来说，离地间隙越小，下压力就越大。也可以利用车头、车尾高度的差异，控制赛车的转弯特性。

翻滚中心

翻滚中心是赛车翻滚时理论上的中心点。翻滚中心越高，翻滚角度就越少。可以通过改变悬架或连接点的方式来改变翻滚中心的高度。

胎压

胎压越高，轮胎就越像一个硬弹簧，胎体的横向变形也就越小。过高的胎压会导致接地面积减小；过低的胎压可能会让轮胎和轮辋之间出现分离。

差速器

开放式差速器容易导致转向不足。赛车上的限滑差速器一般在加速和减速时都会对两侧车轮起到锁止作用。差速器的锁止率越小，进弯时的转向不足就越少，制动时车尾的稳定性也就越差。差速器的锁止率越大，出弯加油时车轮的打滑率就越小，制动时车尾的稳定性就越好，弯中转向不足也就越严重。

空气动力学部件

空气动力学部件通常用在下压力较大的赛车上，用来调节赛车的总体下压力及平衡性。赛车的下压力越大，过弯的速度就越快，但由于风阻原因，其直线速度也就会越慢。

制动力分配

制动力分配可以控制前后轮的锁死率。一般的分配比例是前轮60%、后轮40%。

极限驾驶

Driving on the edge

第5章 车辆调校
Setting up the car

极限驾驶

Driving on the edge

5.5 调校建议

该从哪个方面开始调校呢?多样的调校方式可能会令你产生疑惑。首先你要确定好有多少时间可以用来调校车,是几个小时还是只有一节约半个小时的时间。更换弹簧需要的时间比较长,所以如果工程师没有提前做好准备工作的话,那调整外倾角、离地间隙及尾翼角度就是一种更快更合理的方式了。调整减振器阻尼或在正常范围内调整胎压也可以改变赛车的转弯特性。如果你感觉到某个调整产生了实际的效果,那你就可以在下一节的试车中再多调一些,直到达到赛车或你驾驶技术上的极限。

调校方法

基本原则:尽量调小离地间隙,调整制动力分配来让赛车的减速性能尽量好,针对高速弯角调整空气动力学部件。

可以根据车身的平衡特性,按以下方法提升在低速弯中的**机械附着力**。

译者注:我们可将下压力分为机械下压力和空气下压力。在低速状态下空气动力学部件所提供的下压力较少,机械下压力对赛车动态及转弯特性的影响很大。此时,提高机械下压力是提高轮胎最大可用附着力的重要手段。

1)以不踩制动踏板的状态进弯,如果发生了转向不足:

① 增加前轮负外倾角来提高方向盘的初期响应。

② 增加前轮负前束角。要注意的是,在中速弯里赛车可能会在完成载荷转移之后出现转向不足。

③ 降低车头离地间隙或提高车尾离地间隙。

④ 如果你的赛车有较好的空气动力学部件的话,可以增加车头下压力或减少车尾下压力。

2)以循迹制动的方式进弯,如果发生了转向不足:

① 前防倾杆不合适。前防倾杆过硬会导致载荷转移过多,进而导致轮胎过载。前防倾杆过软会导致侧倾过多,载荷转移不足。

② 检查胎面温度分布和磨损后,也许你会发现前轮负外倾角不足。

③ 前减振器行程不足导致缓冲块载荷过大。

④ 驾驶失误,循迹制动的时机太晚,制动踏板力太大或踩下制动踏板的时间过长。

3)在弯中保持加速踏板深度,不踩制动踏板,如果此时出现了转向不足:

① 这阶段赛车总体的平衡性主要由弹簧和防倾杆决定,也和弹簧、缓冲块、差速器有关,和减振器无关。考虑到更换部件的耗时,可以通过调整防倾杆的方式调整赛车的过弯特性。

② 把后防倾杆调硬一些也可以减少这一阶段的转向不足。

③ 加大弹簧预压可以提高轮胎在弯中的附着力。但同时也会让进弯初期方向盘的反应更快,而且还可能导致突然的转向过度。

4)在出弯刚开始加速时出现了转向不足:

① 对于下压力较大的赛车来说,可以加大前减振器的低速回弹阻尼,以抑制载荷后移,让车头在较低的高度上多保持一段时间。

② 对于后驱车来说,增加前弹簧的预压,就可以减少赛车前部的侧倾。

③ 可能是因为差速器的锁止率太高了。

5）在出弯加速过程中突然出现了转向不足：

① 如果是在低速弯出弯时出现了转向不足，可以提高车尾的离地间隙。

② 如果感觉侧倾过大了，可以增加后防倾杆的硬度。

6）在进弯过程中出现了转向过度（这是最差的一种情况）：

① 这个问题可能是由于弹簧太硬或防倾杆太硬，导致载荷转移的过程过快而引起的。

② 太硬或太软的阻尼会导致轮胎卸载过快，车身俯仰姿态的变化过快，车头下压力突然增加。

③ 一般情况下可以使用更硬的前弹簧来解决这个问题。

④ 出现这种问题也可能是因为制动力分配太偏后了。

7）在进弯刚完成时出现了转向过度：

① 弹簧、防倾杆、缓冲块、空气动力学部件的调整会影响到这一阶段赛车的转弯特性。

② 可能是由于后防倾杆过硬导致的。

③ 可能是由于弹簧的预压太大了。

8）在加速出弯时出现了转向过度：

① 后弹簧过硬会导致载荷转移的过程过快，轮胎附着力减小。

② 后弹簧过软导致后轮胎滑移前的延迟增大。

③ 加速时车尾下沉，外侧悬架的缓冲块介入，减振器整体硬度突然增加，外侧轮过载。

④ 可能是由于车手对加速踏板的操作太快了。

9）后轮抱死：

① 可能是由于制动力分配太偏后轮了。

② 可能是由于车身俯仰角度的变化过大了。需要让前弹簧更硬一些或改变加速时车身的俯仰姿态。

10）前轮抱死：

① 可能是由于制动力分配太偏前轮了。

② 可能是由于前轮负外倾角过大，摩擦面过小。

③ 如果在进弯点还需要增加制动踏板力的话，就说明你的制动点太晚了。

11）在直线加速时方向不稳定：

① 前轮负前束过大或后轮正前束不足。

② 过硬的前防倾杆配合负前束会让赛车在赛道上出现过度颠簸。

③ 也可能是车头空气动力学部件的风阻太大了。

④ 前悬架的主销倾角不足。

环境因素

天气等因素对比赛的影响非常大，其中对悬架数据影响最大的是雨水和气温。

湿地调校

湿地上赛车的最大横向 G 值会下降 30% 左右，这就需要更软的调校了。可以把后防倾杆调至最软的状态或者直接断开后防倾杆，让车尾更软一些。**在湿地上制动时的载荷前移更少了，**所以相对于干地来说，制动力分配要更偏向后轮一些。制动力分配的理想状态是前后轮几乎同时抱死。在测试时你可以通过故意抱死的方式来找到合适的分配比例。

译者注：轮胎在湿地上所能提供的最大附着力比在干地上低很多，所以在加速、减速及转弯时赛车的G值就会比在干地上小很多，载荷转移会减少。

在湿地上，可以尝试以下方法：

1）使用较软的弹簧及防倾杆。

2）偏软的弹簧更容易导致车底蹭地，所以可能需要调高离地间隙。

3）让尾翼的攻角稍微大一些，以提高尾翼所能提供的下压力。

4）加大离地间隙，以便在加速和减速时产生更多载荷转移。这样可以在弯中多利用一些轮胎摩擦面的外侧部分。

5）如果路面上有积水，就要提高胎压，以便让轮胎的附着力尽量好一些。

6）加大离地间隙，以免让悬架部件撞入积水中。

7）减少负外倾角，让轮胎更竖直些。

环境温度

通常在早上和日落后更容易做出好成绩。这是因为大气环境的温度越低，空气密度就越大，空气动力学部件所产生的下压力增大了，发动机的动力也增大了，圈速就会更快。

环境气温较高时空气动力学部件所产生的下压力较小。如果是单座赛车的话，在这种情况下就可以减小一些离地间隙。

环境温度每升高3℃，发动机动力就会下降1%。

轮胎和弹簧一样，也会对赛车的转向特性有很大影响。夏季的地面温度会比大气温度高15℃左右，所以在设定胎压时必须要考虑到天气因素。

排位赛

在刚开始使用新轮胎后的一段时间里，可能赛车会更倾向于转向不足。 新轮胎的附着力比旧轮胎更好，所以在使用新轮胎时，可以增加一些负外倾角以获得更大的加速度和更快的极速。如果比赛时间较短的话，可以提高一些胎压。在轮胎的温度和压力正常前，尽量不要让车轮抱死。

译者注：全新轮胎表面层的附着力会较差，摩擦面上的压力分布也不会太完美，所以新轮胎需要行驶一段距离后才能达到最佳性能。此处的"新轮胎"是指已准备好投入使用的轮胎。

正赛

在一场比赛中，赛车的转向特性可能会有较大的变化。随着燃料的消耗，转向不足的倾向会逐渐减弱，离地间隙也会逐渐变大。

如果你发现了赛道上有不平整的路面，最好在发车前再检查一次离地间隙，确保离地间隙足够用。

比赛中还有两个主要问题：传动比和下压力的设定。如果你是杆位发车的话，会有别的车追在你后边，这就需要用小一些的传动比；如果是中位发车的话，要确保最高档传动比足够小，以防止极速太低轻易被超越。风向和自己与对手的相对速度也是必须要考虑到的因素。

在车群中，气流很难让你的空气动力学部件正常发挥作用。如果需要在比赛中超车，可以考虑减小空气下压力及传动比。

减振器阻尼

减振器是赛车上最难理解的部件之一。大家常会感觉减振器方面的内容很无聊,所以在此仅讲解在轮胎载荷出现变化时减振器的作用,也就是低速压缩、低速回弹阻尼设定(减振器运动速度小于 100mm/s 时)。

高速压缩、高速回弹设定会影响车身弹跳及压路肩时的动态。如果压路肩时赛车被抛离了走线,就应该调小高速压缩阻尼。如果高速回弹阻尼比高速压缩阻尼大太多的话,车身的下沉就会偏多。

减振器只在赛车行驶状态不稳定时才会起作用。比如在直线上踩制动导致载荷前移时,前减振器压缩阻尼和后减振器回弹阻尼会共同决定载荷前移的快慢。前减振器压缩阻尼越大,载荷前移的过程就越快,赛车的反应也就越敏感。

赛车在弯中处于稳定状态时的姿态主要由弹簧和防倾杆决定。减振器只影响到载荷转移的快慢、车辆姿态和轮胎摩擦面。载荷转移总量由速度、转弯半径、轮距、重心高度决定。

在转弯半径和车速一定的情况下,载荷转移的总量是固定的,所以载荷在内、外两侧轮胎之间的转移也会影响到赛车的转向特性。当两个前轮胎之间的载荷转移过大时,赛车会出现转向不足的趋势;当两个前轮胎之间载荷转移较小时,赛车的转向不足趋势会减小。

以下几种情况可作为参考。

> **1. 用循迹制动的方式进低速弯时**
>
> **内侧前减振器回弹、外侧后减振器压缩**
>
> 如果想要更多的转向不足倾向,可以把前减振器的回弹阻尼调大一些,以便让前轮之间的载荷转移速度更快。把后减振器的回弹阻尼调软一些也可以有这样的效果。

> **2. 全油门出弯(比如铃鹿赛道的130R弯)**
>
> **外侧前减振器压缩、内侧前减振器回弹、外侧后减振器压缩、内侧后减振器回弹**
>
> 如果你的赛车在出弯时有转向过度的趋势。可以把前减振器的压缩阻尼及回弹阻尼调大,也可以把后减振器的压缩阻尼及回弹阻尼调小。

↗ GP2单座赛车的减振器和弹簧

3.在弯中到出口之间加速时

外侧前减振器回弹、内侧后减振器压缩

很多人认为加速时载荷应该转移到外侧后轮，但实际上此时的外侧后减振器已压缩至极限，内侧前减振器已拉伸至极限，载荷会将内侧后轮下压，进而抬升外侧前轮。此时为了减少转向过度，可以调硬后压缩阻尼或调软前回弹阻尼。更硬的后压缩阻尼可以让载荷更快地转移到内侧后轮，并让内侧后轮的附着力发挥出来。

4.重制动进弯（比如铃鹿赛道的T1弯）

外侧前减振器压缩、内侧后减振器回弹，另外两个减振器基本稳定

随着速度的降低，空气动力学部件所产生的下压力逐渐减小，车头会有个抬升的效果。解决转向过度的方法是调大前减振器的压缩阻尼或调小后减振器的回弹阻尼。调大压缩阻尼后，前轮之间的载荷转移的速度就会加快，于是就会有转向不足的趋势。后减振器回弹阻尼减小后，后轮之间的载荷转移就会减慢，后轮胎的附着力就会更好。

调车的目的是提高圈速，所以要知道你的赛车需要的是转向不足的趋势还是转向过度的趋势。当你明确了自己需要往哪个方向尝试了之后，可以按以上方法调校赛车了。

↗ 在出弯点时减振器特性如何是重点关注的因素

第5章 车辆调校
Setting up the car

58 数据分析

车队成员在一起查看数据记录

包括卡丁车在内，现在很多车队都在使用数据分析系统来监控上百个数据。作为车手你应该知道如何利用这个系统。不需要知道在接触到缓冲块前，减振器活塞移动了多少毫米，但你应该多关心速度、节气门位置、制动踏板力、方向盘角度、档位、转速等数据。

通过系统你可以熟悉一条新的赛道，可以看出赛车调校的效果，也可以看到队友的控车操作。队友的成绩越好，你也就越能快速进步。看到数据之后，你就能知道那些顶级车手是如何驾驶的。即使你做不出和他们一样的操作，至少也知道了自己的努力方向。可以重点看看计时数据，找找自己是在哪里领先的，又是在哪里落后的。

即使是圈速比你慢的车手，也有可能在某一两个弯角上比你操作得更好。如果不看这些数据的话，你就失去了进一步提高自己成绩的机会。

以日本冈山赛道的数据记录为例。首先应该看时差曲线。图中红线车手的时差曲线最终在下方结束，其圈速更快。但在第一个弯角时，这名车手所消耗的时间较多。在找到了时差曲线位于上方的区段后，放大并检查其他的一些相关数据曲线，就可以发现为什么他会在这个弯角表现得不好了。

分析数据，我们可以看出在弯心之前红

极限驾驶
Driving on the edge

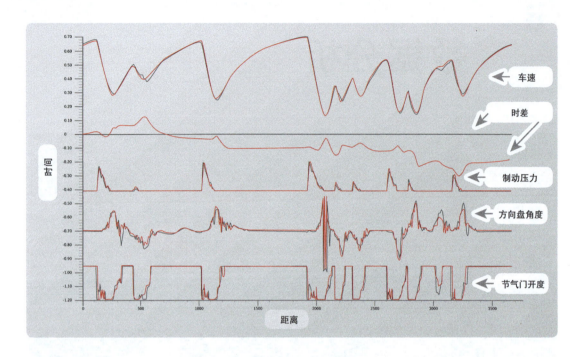

↗ 曲线1

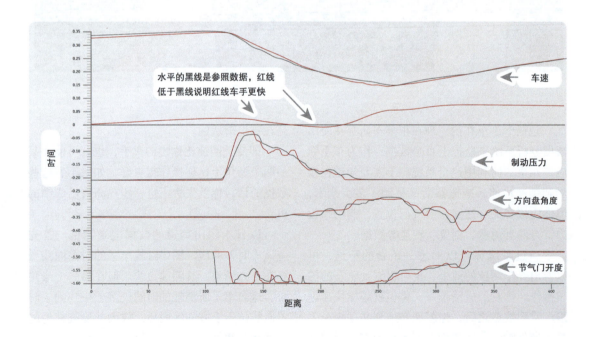

↗ 曲线2

线车手的时间都是领先的。但其弯中最低速度低于黑线参照车手的弯中最低速度，并在弯中多耗费了一些时间。从图中可以看出，即使是冒着转向过度的风险在出弯时更早就开始加速了，红线车手也没能追回在弯中落后的时间。

从这些曲线中可以看出，红线车手的制动点太晚了。晚些再开始踩制动踏板，早些开始加速出弯，很多时候这样过弯都比较好。但在冈山的 T1 弯更适合采用黑线车手这样的方式通过，尽量提高弯中最低速度。每个车手都有自己习惯的走线和控车方式，大家也都主观地认为自己的方式已经很好了。只有通过数据分析，我们才能知道哪些走线或操作方式真的更好一些。

在曲线中我们还可以看出，红线车手的左脚制动技术不好，在加速踏板完全松开时，制动踏板的深度只有 70%。如果再导入赛车的俯仰姿态曲线的话，就能更明显地看出此处左脚制动的问题了。有些车手反映使用左脚制动所能节省的右脚换位时间并不多。通过数据曲线，我们就可以准确地看出左脚制动和右脚制动的差异了。

要养成做数据分析的习惯。在每次比赛后，不管你的成绩如何，都应该查看自己的数据记录。这种数据记录有个缺陷就是没能记录下你的走线，所以你还需要一台高精度的 GPS 设备来记录赛车的走线及每时每刻的车头指向。

如果你没能从这些数据分析中发现问题或提高成绩的话，那我建议你还是向教练多请教吧。

第6章 其他要点

- 6.1 前驱车型
- 6.2 四驱车型
- 6.3 常见问题
- 6.4 驾驶姿势
- 6.5 身体练习
- 6.6 车手选拔

极限驾驶
Driving on the edge

到目前为止，我们所有讲的都是以后驱车型为例的。其中有些内容并不适合前驱和四驱车型。下面就来看看前驱和四驱车型的驾驶技巧。

前驱车型

前驱车不需要将动力传递至后轮，所以前驱车重量更轻，也更廉价。

把前驱车开好并不容易。如果使用传统驾驶技术的话，随着圈速越来越快，赛车会有越来越严重的转向不足趋势。前文里所说我在富士赛道的经历就是开前驱车型的经历。虽然走线大致相同，但前驱车的制动踏板、加速踏板和方向盘的操作和后驱车相比有很大的区别。

在制动过晚或使用循迹制动进弯时，你会发现由于前轮的载荷较大，赛车很容易出现转向不足。在出弯时，载荷向后转移，前轮胎的最大附着力会偏小。

因此，在进弯时可以稍微增大一下加速踏板深度，把一部分载荷转移到后轮，避免前轮超出极限。此时前轮胎很可能由此突破极限出现过大的打滑率。加速一定柔和，方向盘的角度尽量小，还要保持自己的敏感性。在进长距离弯角时，可以使用循迹制动，但是制动力要比后驱车小一点。

前驱车进弯时的这种操作和后驱车有很大区别，所以有些车手精于前驱，有些车手精于后驱。

↗ 驾驶前驱车有很多需要注意的地方

第6章 其他要点
Additional knowledge

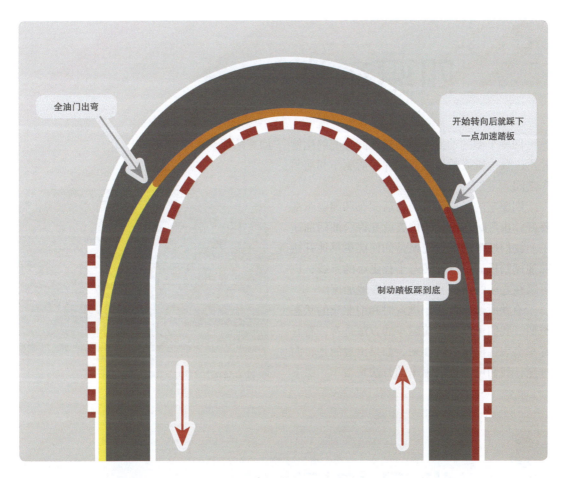

↗ 前驱车进弯时需带着一定的加速踏板深度，出弯时的加速点也比较晚

　　为了进弯时能更好地转向，前驱车带有一些转向过度的趋势是好事。如果进弯时突然出现了转向过度，你应该立即就快速地把加速踏板踩到底。这样可以把载荷转移到后轮上，增加后轮胎的最大附着力，降低前轮胎的最大附着力。如果此时前轮胎打滑，正好就可以解决转向过度的问题了。

　　前驱车另一个需要注意的问题是在制动降档时。在我做F3车手那段时间里，我有一次在湿地上测试前驱房车。在富士赛道的长直线末段，我想在250m处开始制动。当我从6档降到5档时，我发现轮胎的附着力非常差。当我松开离合器踏板时，前轮抱死了，发动机也熄火了。在赛车滑出赛道的过程中，我没能再次让发动机成功起动，踩制动踏板的效果也很小。当时我应该在松离合器踏板时多补上些转速才能让车轮保持转动的状态。轮胎只有在转动的时候才能提供足够的附着力。这也是我下决心要练习跟趾的原因。

　　当我和其他车手聊起这件事时，他们说他们都有过这种经历。那时候唯一能救车的方法就是重新起动发动机。

　　新车手应该多向老车手提出自己的疑问和困惑。即使他是你的对手，他也会给你解答，因为被提问时车手们都会感觉很光荣。

6.2 四驱车型

四驱车型的动力在前后轮之间分配的比例并不一致，所需的驾驶方法介于后驱车和前驱车之间。

四驱车的轮胎附着力比后驱车和前驱车都要好，出弯时在更早的位置就允许全油门加速了。我们过弯的重点应该是如何能更早地开始踩加速踏板。可以选转弯半径更小的走线，也可以在之前的走线上更早、更多地加速。

有些时候，四驱车进弯时和前驱车的状态类似。我们可以先按前驱车的方法进弯，看看赛车会表现出什么特性来。如果出现的是转向过度，我们可以按前驱车的方法来救车，踩下加速踏板，避免事故。

↗ 四驱车的特性会偏向于后驱车或前驱车

6.3 常见问题

想要提高成绩，就要把赛车开到极限状态。即使你已经熟悉了这本书中的所有内容了，你也会有感到困惑的时候。在实际的赛道驾驶中，如果没有很好的教练，可能你就很难找到自己的问题以及再提高的方法。

圈速很快的时候，你应该是感到顺畅自然的。如果你已经把赛车开到极限状态了，圈速和自己的感觉还是不好的话，那应该是你的思路错了。可以回想一下你是怎样驾驶的以及你都做了什么操作。

超出了赛车的极限

想通过晚制动来节省时间是正确的，但制动点太晚了也会出问题。如果你总是错过弯心、保持不住走线，就说明你的赛车已经超过了极限。这时需要回想是什么原因导致赛车超出极限的。可以从以下几个方面思考：

1）如果你在进弯时发现车轮抱死了、出现转向不足了、出现转向过度了，这就说明你的制动点太晚了。这是最常见的问题，也是新手最容易出现的问题。下次早些开始制动即可解决。

2）可能你的制动点是合适的，但踏板力太小了或踩制动踏板的时段太短了。如果赛车减下来的速度不够多的话，进弯速度就会偏快，弯中速度也就会偏快。下次踩制动踏板时更重些或多踩一段时间即可解决。

3）制动时眼睛一直盯着正前方看，没看着弯心和你心中的走线。这个问题常见于正在提高阶段的车手身上。新手还没到这个阶段，老手已经能正确地控制自己的视觉注意力了。

4）在需要循迹制动进弯的时候，如果你还在用传统走线那样较高的弯中最低速度的话，赛车在弯中的速度就会和当时的转弯半径不匹配，保持不住你想要的走线。出弯早加速的方式也可以提升圈速，不一定要固执地保持很高的弯中最低速度。

↗ 太想拼极限时，你的制动点就容易太晚，你就容易抓不住弯心

还没到赛车的极限

如果轮胎的附着力很好，制动点就可以很晚，弯中最低速度也不必很低。现代的 F1 赛车在弯中的加速度可以达到 5g。处于这种加速度时，你感受到的主要是自己身体的变化，而非赛车的动态，而且我们的本能反应就是减小加速度。所以，如果在数据分析中你发现你还没有把赛车开到极限状态的话，不用羞愧，很多车手都有这种情况。

如果你怀疑自己没有把赛车开到极限，可以从以下几个方面思考：

1）如果你每次都能轻松且准确地切到弯心，就可以试着晚些再开始踩制动，以更高的速度进弯。

2）如果你在出弯时可以很轻松地就让赛车保持在计划的走线上，下次可以更早些就开始加速了，也可以更快更深地踩下加速踏板。

↗ 如果没把赛车开到极限状态，你需要的是勇气

3）没有用尽路面宽度也是常见问题。在赛道行走时看看有多少宽度可以用。**进弯前、弯心上、出弯后，都应该用尽路面宽度。**

译者注：在组合弯中未必需要用尽每一处的宽度。在允许双向发车的赛道上，有些宽度是为另一个方向设计的，也不一定需要用尽。

4）如果你无法向工程师准确地描述过弯时赛车是转向不足还是转向过度，那也说明你还没有把赛车开到极限。

没有开到极限比开过极限了更麻烦。如果是开过极限了，你只要控制住自己的野心就可以了。而如果你还没开到极限，那就需要想办法提高勇气，克服自己的心理障碍。面对可能冲出赛道的风险，可能你很难有勇气把制动点再延后一些。

对于制动点的问题，你可以再仔细看看本书中所讲的内容，确认一下自己选的制动点到底对不对。如果制动点没问题的话，过弯应该是顺畅且轻松的。

↗ 你要尽力做到用尽路面宽度且切准弯心

极限驾驶
Driving on the edge

驾驶姿势

每个人的身材差异很大,所以制造商很难设计出让所有人都感觉非常舒适的座椅。我们对座椅的最低要求是不能让车手感到过于疲劳或疼痛。在长时间的比赛中,如果身体上某个部位感觉到疼痛或很疲劳,你的注意力就很难再集中在驾驶上了。

你要坐在这个座椅里去比赛,所以别人只能对你的座椅提出一些建议,最后判断座椅是否合适的人只能是你自己。车手的身体应该和座椅有稳定的接触,这样才能准确地感知赛车的动态是怎样的。在驾驶时,我们应该把安全带调到最紧,让身体紧贴座椅。

方向盘

如果方向盘和座椅的距离过远的话,在前轮高载荷时手臂可能无法正常发力。如果方向盘和座椅的距离过近的话,手臂可能会接触到腿或车内的一些部件。在保证手臂正常活动空间的情况下,方向盘和座椅的距离应该尽可能近一些。

肉会很容易疲劳。不要觉得麻烦,简单地坐在车内试试是感受不出来方向盘、座椅和踏板等部件是否合适的。你需要实际驾驶几个小时,才能确认自己是否会在以后的长距离比赛中出现不适或疼痛感。

上身姿势

为了追求更好的视野,想看到赛车的车身轮廓,有些人喜欢较高的座椅,还会将座椅位置调得比较靠前。如果座椅过于低矮或过于偏后的话,在弯中可能就看不清内侧的路肩了,你也就很难找准走线并用尽路面宽度。

在驾驶单座赛车时,要确保你头部的高度不会影响到发动机进气口,也不会对整车的空气动力性产生太大的影响。为了在翻滚、撞击等事故中更安全,你头盔的顶部不能比防滚架还高。

↗ 方向盘在中位时,手肘的角度应该在90°左右

↗ 在封闭赛车里的,头部的位置应该比在开放式赛车里更高一些,腿部的角度也要适合大力踩制动踏板

方向盘高度不要高于肩膀,否则肩膀的肌

腿部

伸直的腿无法高效发力,也无法准确感知

踩踏的深度和踏板的反馈。所以，在将制动踏板、加速踏板或者离合器踏板完全踩到底时，腿不应该是完全伸直的。比赛中你会踩很多次全力制动，要让腿部能较为舒适地发力才能减少疲劳感和酸痛感。高个子车手的膝盖可能长时间处于弯曲度较大的状态，这就需要将踏板和座椅之间的距离加大一些。矮个子车手的腿可能需要完全伸直才能将踏板踩到底，这就需要将踏板和座椅之间的距离减小一些。

痛感。

↗ 踏板的设计要适合操作，也要尽量避免误操作

↗ 腿部的位置和舒适性很重要

脚和踏板

左脚休息区可以帮你减少左脚的疲劳感，不需要用左脚时可以将左脚放在上边休息。在设计时要确保左脚休息区和离合器踏板的高度有明显区别。这样你才能知道左脚现在是放在哪里的，才可以有效避免误踩。

制动踏板踩下时的高度和加速踏板初始高度应该接近的，左右间距也应该合适。穿好你的赛车鞋，多试试才能找到适合做跟趾的踏板高度、间距和具体位置。

在对三个踏板做任何操作时，脚跟都应该是和地板保持稳定接触的，不能悬空，也不能前后滑动。踏板的角度不宜过于竖直，否则在不踩下踏板的时候，你就需要用肌肉将脚尖勾起到很高的位置，很容易导致疲劳感和酸

左脚制动

如果你不需要做跟趾的话，制动踏板的位置可以更靠前方一些。这样可以减少左脚的疲劳感。再将制动踏板向左移动一些，左脚可以一直放在制动踏板上了，不再需要左脚休息区了。设计时要确保在踩制动踏板时不会与离合器踏板产生干涉，可以通过从数据记录中查看这两个踏板的深度曲线，判断是否出现干涉的问题。

↗ 适合左脚制动的制动踏板应该是更靠近左侧、更靠前方的

有了这样的踏板，你就可以随时通过左脚制动来控制赛车的俯仰了。但这样的设计也有缺点：**在赛车出现钟摆时，很可能你不能及时**

踩下离合器踏板，导致发动机熄火。遇到加速踏板无法复位或制动踏板故障时，可能你也不能快速地将离合器踏板踩下去来切断动力了。如果遇到了这种情况，可以立即开启维修区限速器或将发动机熄火。

译者注：如果你习惯了将左脚长时间保留在制动踏板上的话，在出现突发情况时，将左脚左移到离合器踏板上会耗费一定的时间，而且你可能会想不起来将左脚左移到离合器踏板上。

↗ 有了适合左脚制动的踏板，你就能随时控制赛车的俯仰了

身体练习

如果你说比赛完后会感到精疲力尽，很多人都不会理解。他们认为开赛车只是转转方向盘，踩踩加速踏板和制动踏板而已。这种理解是不对的。在一些长距离比赛中，车手连续驾驶赛车的时间都要超过一两个小时，比如勒芒或其他一些超过1000km的比赛。如果没有比赛经历的话，我们很难理解赛车运动对于身体的挑战有多大。

有些车手也认为身体训练对赛车是没有帮助的，他们觉得平时的训练和试车就已经足够了。这种想法也是错误的。比赛和平时试车的状态是完全不同的。平时试车时你只需要跑几圈就可以返回维修区了，在工程师维护赛车时，你有很长的休息时间。但在比赛时你一直都要全神贯注，没有中间停车休息的时间。仅有的休息时间就是在长直道上行驶的那几秒钟。而且，在这几秒钟里，你还要关注后视镜和其他一些情况。

你的体能一定要比完成一场比赛所需的体能更优秀才行。这样你才能保证每一圈都能有较好的精力和体力。优秀的身体素质也能带给你自信，能让你有精力应对各种各样的极限情况。塞纳和舒马赫那样的顶级车手，身体素质也同样是顶级的。他们在平时的身体训练中也是非常刻苦的。

在比赛时，如果你感觉到自己无法集中注意力，反应速度也变慢了，那就是你疲劳了。如果这时候没能及时意识到自己身体上的疲劳，你就容易犯些小错，也许是走线不精确了，也许是制动点晚了。如果没有及时意识到自己精力变差了的话，你就容易犯些大错，也许是进入钟摆，也许是圈速突然退步。

比赛时我还经历过两种更极端的情况：身体脱水和乳酸堆积。我的赛车没有转向助力。在排位赛中我使用了全新的软胎，过弯时的加速度有4g。每次过弯时我都感觉是在健身房里举重。在当时的情况下，坚持再跑一圈都很艰难。

在温度很高的车内封闭环境中，如果降温系统或饮水装置坏了，你的身体很容易出现脱水的情况。在长时间的比赛过程中，你的肩膀和胳膊也很容易出现乳酸堆积的情况，你的肌肉会变得疲劳无力。如果赛车的转向助力失效了的话，方向盘就会变得非常重，每次转向你都会感到很费力。在出现了以上这些情况时，我们就要时刻关注自己身体的状态了。在直线段里深呼吸，喝一些水，可以让你的状态恢复一些。但如果身体的状态已经到达了极限，那就只能降低车速让自己休息一下了。

有过这种极度疲惫的经历后，你就会更加关注自己的身体状态，也会更加注意身体锻炼了。在之后的比赛中，即使是24小时耐力赛，我的身体都发挥得很好，每圈跑得都像是在争排位。

应该如何进行系统的训练呢？有很多关于健身的书，但是几乎没有哪本书是专门针对车手的。有一些模拟赛车座舱的训练设备，可以锻炼你在驾驶时所需要用到的肌肉群的耐力和力量，但这种设备非常昂贵。所以，你可以找一个有赛车经验的健身教练。

在身体训练中，肌肉力量的练习和有氧练习都不能忽视。以富士赛道为例，驾驶日本方程式赛车时，我需要的是力量练习。因为一切都发生得太快了。驾驶 F1 赛车时，我需要的是有氧练习。在转向助力的帮助下，即使 F1 赛车过弯时的加速度达到了 5g，所需的手臂力量也还不是很大。F1 赛车更多是需要颈部的肌肉更有力些。

锻炼身体不只是健身，还包括了生活习惯，睡眠、饮食都和驾驶训练有着同等的重要性。在锻炼身体方面，我建议你再看看其他的书籍，认真学习，认真锻炼。

有了比对手更好的身体，你就在每一圈中都有了优势。有了好身体你也就有了自信和勇气。即使在比赛中感觉身体状态不好了，你也会靠精神力量坚持下去的。

年轻时候多花一些时间在身体锻炼上，会让你长久受益。很多车手都是在年轻的时候不注意身体锻炼，在年龄大了之后就出现了伤病。赛车减速时的 G 值很大，头部也总需要向前倾。如果没锻炼好肩颈的肌肉群的话，颈椎和背部就可能出问题。越早开始锻炼身体，你的职业生涯就可以越长。

车手选拔

选拔测试是对你技术水平的一个判断，也是影响到你以后职业发展的重要环节。你需要达到相应的车手等级和要求才能获得选拔测试的机会。以前参赛的成绩是车队决定要不要邀请你参加选拔测试的最重要考虑因素。其次，年龄、国籍等因素也会有些影响。

如果有车队邀请你去做选拔测试了，你面对的是一个艰巨的挑战。在测试之前，一定要提前看看那个赛道的录像。最好能租一辆赛车在那个赛道里跑几圈熟悉一下。多注意到一些细节，你就能对那个赛道更有把握一些。

测试时要驾驶的赛车肯定是你以前没开过

极限驾驶
Driving on the edge

↗ 勒芒比赛中，勇气、速度、轮胎管理水平和燃料使用都至关重要

的，所以在测试之前就要尽可能多的收集有关于这辆赛车的信息。其中很重要的一点是要和开过这辆赛车的车手咨询一下在制动和转弯时这辆赛车的特性是什么样的。然后就可以靠想象力在大脑中模拟驾驶的过程了，让大脑熟悉了这条赛道和这辆赛车后，在真正驾驶时你会感到更熟悉、更轻松。

如果有一整天的测试时间的话，你可以在测试过程中逐渐熟悉赛车。但如果是在巴塞罗那那样的赛道上测试，每天只有很短的一个时段适合做圈速。如果天气不好的话，你需要在测试刚开始时就开上赛道做圈速，而且你可能需要在前一两圈里就做出最快圈速。测试的时间很宝贵，提前做好准备你会感觉更从容的，圈速也会更快。

可能刚开始测试后不久，赛车就会出现故障。如果发生了这种情况的话，车队就只能通过你前几圈的表现来判断你的水平和状态了。所以，即使计划出的是一整天的测试时间，那也要从第一圈开始就全力以赴。

车队非常看重你的圈速。选拔测试时你感受到的来自几名测试车手之间的竞争压力并不比参加排位赛、正赛时来自对手的竞争压力小。因此，要学会控制好自己的心理和情绪，告诉自己：我一定能被选中的。我的朋友说过，他在参加F1的选拔时每时每刻都保持着100%的注意力，也都付出着100%的努力。

有时候车队做测试的目的并不是想要你做出最快圈速。比如，耐力赛车队可能想在测试中确定该用哪款轮胎参赛，也可能想要测试出赛车的燃料消耗率。所以在测试前要和车队沟通好，看看他们需要你做什么。

有时车队会在勒芒24小时耐力赛和其他比赛中选拔车手。在比赛时，车队可以准确地看出每名车手的毅力、成绩和轮胎管理水平。在这种选拔中，运气也是非常重要的。如果你正好是在天气条件最好的时段里使用软胎上场的那名测试车手的话，你就能做出最快的圈速了。如果在你上场时遇到了车群，那你的圈速就会比其他测试车手差很多，前途如何就很难把握在自己的手里了。

总之，选拔测试能给你进一步发展的机会，也能结束你的职业生涯。在你平时的练习和比赛中，随时都要为选拔测试做好准备。

后记
Epilogue

读过这本书之后,我希望你不是把它收起来就忘记了。我们需要完全吸收了书里的知识,才能在需要的时候想起来用。

一点一点练习才能用好这本书,你也会很有成就感的。下次去赛道练车时你就可以开始练习制动了。熟练掌握了制动技巧后,你会发现自己的驾驶水平提高了很多。然后再练习别的部分。这样一步一步来,每次都有小目标,每次都提高一点,最终达到极限驾驶的境界。

如果你的圈速达到瓶颈了,或者每次都在同一个弯角出现同样的问题,仔细再看看这本书也许就能找到解决方法了。找到了解决方法,能完美地通过一个以前难以攻克的弯角,你会感觉非常棒。我在遇到问题时就常常自我反思。

书中介绍的许多技巧都是通过我不断实践得来的。作为职业车手,每次比赛或试车后我都会给工程师写报告,我也有许多自己的笔记。希望这些内容能对你的驾驶技术有所帮助。我也希望你能多做些总结笔记,记下自己的表现并要多思考。想要不断提高成绩的话,那思考和努力就是同样重要的。

在这本书的开头,我说过成为一名职业车手是不需要天赋的。但如果没有天赋却又要想成为像塞纳、普罗斯特、舒马赫或者阿隆索那样的伟大车手的话,你就要有足够的决心和信念,坚信自己可以成为一名伟大的车手。你要努力提高自己,还要抓住每一次机会。即使是在刚开始赛车生涯的初期,也不能满足于亚军。

我们每个人的身体和大脑都差不多。进行了足够多的训练,养成了肌肉记忆后,你的技能才能提高。所以现在就去吧,练习,练习,练习!

极限驾驶
Driving on the edge

作者赛车经历
Career summary

年份	赛事
1984	卡丁车赛
1988	德国福特方程式（1次取胜）
1989	德国福特方程式锦标赛（3次取胜）
1990	德国 Opel-Lotus 方程式锦标赛
1991	Opel-Lotus 方程式欧洲系列赛
1992	德国 F3（1次取胜）
1993	德国 F3（4次取胜）
1994	日本 F3 锦标赛（6次取胜）
1995	日本房车锦标赛（1次取胜）/ 日本方程式
1996	日本房车锦标赛（1次取胜）/ 日本方程式
1997	全日本 GT 锦标赛 / 日本房车锦标赛（1次取胜）
1998	德国超级房车锦标赛 / 勒芒（驾驶日产 R390GT1）
1999	全日本 GT 锦标赛 / 日本方程式 / 勒芒（驾驶日产 R391，未完赛）
2000	全日本 GT 锦标赛 / 日本方程式
2001	印地 CART/ 日本方程式 / 全日本 GT 锦标赛 /（1次取胜）
2002	全日本 GT 锦标赛 / 勒芒（驾驶奥迪 R8）
2003	全日本 GT 锦标赛
2004	全日本 GT 锦标赛（1次取胜）
2005	超级 GT/ 勒芒（驾驶 Dallara SP1，DNF）
2006	超级 GT
2007	超级 GT/ 日本方程式
2008	超级 GT
2009	勒芒系列赛 /FIA GT 锦标赛
2010	FIA GT1 世界锦标赛
2011	FIA GT1 世界锦标赛 冠军
2012	超级 GT
2013	超级 GT
2014	超级 GT
2015	超级 GT/ 勒芒（驾驶日产 GT-R LM）

↗ 1984—卡丁车赛

↗ 1988—福特方程式1600

↗ 1986—福特方程式

↗ 1989—福特方程式1600，登上领奖台

作者赛车经历
Career summary

1991—Opel-Lotus方程式欧洲系列赛

1993—德国F3，登上领奖台

2001—美国CART

2006—法拉利F1车手选拔

2009—Spa 24小时耐力赛

2010—FIA GT1世界锦标赛